수필로 그리는 자화상 ⑮

전상준 수필선집
행복한 삶 괜찮은 삶

수필로 그리는 자화상 15

전상준 수필선집

행복한 삶 괜찮은 삶

인쇄 | 2024년 3월 15일
발행 | 2024년 3월 20일

글쓴이 | 전상준
펴낸이 | 장호병
펴낸곳 | 북랜드
　　　　06252 서울시 강남구 강남대로 320, 황화빌딩 1108호
　　　　41965 대구시 중구 명륜로12길 64(남산동)
　　　　대표전화 (02)732-4574, (053)252-9114
　　　　팩시밀리 (02)734-4574, (053)252-9334
　　　　등록일 | 1999년 11월 11일
　　　　등록번호 | 제13-615호
　　　　홈페이지 | www.bookland.co.kr
　　　　이-메일 | bookland@hanmail.net

책임편집 | 김인옥
기　　획 | 전은경
교　　열 | 배성숙 서정랑

ⓒ 전상준, 2024, Printed in Korea
저자와 협의하여 인지를 생략합니다.

ISBN 979-11-7155-043-2 03810
ISBN 979-11-7155-044-9 05810 (E-book)

값 12,000원

행복한 삶 괜찮은 삶

전상준 수필선집

북랜드

머리말

괜찮은 삶은 행복한 삶과 가깝다

괜찮은 삶도 행복한 삶이라 할 수 있을까. 어린 시절 부모님께 '괜찮다' 하는 말을 많이 들었다. 다른 아이들보다 공부를 못해도, 초등학교 운동회 때 달리기 경기에서 꼴찌를 해도, 동무들과 놀다 다쳐 울며 집에 들어와도 늘 '괜찮다' 하셨다. 그 당시에는 말이 두루뭉술해 의미를 확실하게 몰랐지만 모든 걸 용서한다는 정도로 이해했다.

국어사전에 '괜찮다' 하는 뜻이 '별로 나쁘지 않고 보통 이상이다.' '탈이나 문제, 걱정되거나 꺼릴 것이 없다'이다. 범위가 넓기는 하지만 매사를 긍정적인 뜻으로 받아들일 때 하는 말인 듯하다.

1980년대 중반 시골에서 대구로 이사를 와 조용한 주택가의 이층 반 양옥집에 살 때다. 2층에 세 든 사람의 부주의로 불이 났다. 걱정하는 아내에게 내가 한 첫말이 '괜찮다'였다. 집 아이가 대학 입학시험에 불합격했을 때도 그랬다. 퇴직 후 갑자기 가슴에 통증이 심해 종합병원에서 검진받고 결과를 기다리면서도 '괜찮다' 하는 마음으로 지낸 일이 있다.

큰아이 대학 입학할 때 수업료 준비가 되지 않아 아내가 동분서

주할 때도 시간이 되면 어떻게 되겠지 하고 미련을 떨고 있었다. 마음이 몹시 초조하고 불안했다. 내가 가진 능력은 '괜찮다' 하는 막연한 기대뿐이었다.

　장영희 교수는 수필 「괜찮아」에서 이 말은 '그만하면 참 잘했다'고 용기를 주는 말. '너라면 뭐든지 다 눈감아 주겠다'는 용서의 말. '무슨 일이 있어도 나는 네 편이니 넌 절대 외롭지 않다'는 격려의 말. '지금은 아파도 슬퍼하지 말라'는 나눔의 말. 그리고 '마음으로 일으켜 주는 부축의 말'이라고 했다. 내 삶과 연관 지어 볼 때 동의하지 않을 수 없다.

　얼마 전이다. 우연히 서점에 갔다가 유아용 책 코너에서 최숙희 작가의 『괜찮아』 그림책을 읽었다. 지면이 그림으로 채워졌고 글씨는 거의 없다. 어린아이가 눈을 커다랗게 뜨고 웃으며 개미·고슴도치·뱀·타조·기린을 차례대로 만난다. "개미는 작아. 고슴도치는 가시가 많아. 뱀은 다리가 없어. 타조는 못 날아. 기린은 목이 너무 길어." 하며 어쩌면 그들의 약점이랄 수 있는 것들을 지적한다. 그런데 그들은 "괜찮아! 영차영차 나는 힘이 세. 괜찮아! 뾰족뾰족 나는 무섭지 않아. 괜찮아! 사사삭 나는 어디든지 잘 기어가. 괜찮아! 다다다 나는 빨리 달려. 괜찮아! 길쭉길쭉 나는 높이 닿아."라고 한다. 모두 '괜찮아!'라는 말로 아이의 물음에 답한다. 그리고 함께 "그럼 너는?" 하고 아이에게 묻는다. 책 속 아이의 대답은 "괜찮아! 나는 세상에서 가장 크게 웃을 수 있어."라며 입이 귀까지 찢어질 정도로 웃는다. 작가는 누구에게나 잘할 수 있는 무언가가 있다는 것을 믿으며, 우리 아이 하나하나가 이 세상에서 가장 소중한 존재란 것을 말하고 싶어 책을 만들었단다.

　잘못과 약점에, 능력이 부족해 잘할 수 없는 것에 '괜찮아' 하는 말이 내 삶에 용기·용서·격려·나눔·부축이 되어 왔다. 나도 다른 사람에게 '괜찮아'라는 말을 자주 해 주고 싶다. 평소 어려운 상황이나 힘든 일이 있을 때마다 '괜찮다' 하는 말을 자주 사용하는 편이다. 이 말에는 주술적인 힘이 든 것 같다. 경험으로는 처음부터 걱정하면서 어떤 상황을 대처하기보다 '괜찮다' 하며 처리하면 의외로 쉽게 풀리는 경우가 많았다.

　선집 표제가 '행복한 삶 괜찮은 삶'이다. 작품집 속 작품들이 상황에 따라 조금씩 생각을 다르게 할 수도 있겠지만, 괜찮은 삶은 행복한 삶과 가깝다는 생각이다. 독자의 격려를 기대한다. 고맙습니다.

2024년 3월
행복한 사람 **전 상 준**

차례

■ 머리말 | 괜찮은 삶은 행복한 삶과 가깝다

● 나는 싸움꾼이다

사람 자격증 12
삶의 두 가지 철학 16
거울 속 작은 몸 20
나는 싸움꾼이다 23
희수喜壽에 던지는 메시지 28
행복한 삶 즐거운 삶 32
따뜻하게 사는 방법 35
나의 참모습 38
내 소나무 42
마음의 열쇠 47

● 외투의 충고

다랑논 52
어머니와 장미꽃 56
누이와 어머니 60
어머니의 향기 64
세 살 어머니 68
쑥국 73
외투의 충고 77
코치를 잘해야 81
치료비 변상 85
부부송夫婦松 89
지각한 약속 92
추석을 보내며 96

● 하늘이 준 선물

소나무의 보은 102
쥐똥나무 106
겨울나무 110
논두렁콩 113
목련나무 낙엽을 쓸며 117
여명餘命 120
소나무처럼 살고 싶다 124
반곡지 127
하늘이 준 선물 131
봉선화 135
행복한 삶 아름다운 삶 139

● 행복하게 살기

서제막급噬臍莫及 142
참 어려운 선택 146
식당에서 만난 노인 150
아파트와 인연 154
삶의 보람 158
영남대학교와의 인연 162
행복하게 살기 165
작은 흔적, 나를 위한 글쓰기 169
강물은 그냥 흐르는 물이 아니다 171
국파菊坡 전원발全元發 176

■ 작가 연보 188

나는 싸움꾼이다

사람 자격증

학교에서 근무하다 정년을 맞았다. 교사란 학교에서 일정한 자격을 가지고 학생을 가르치는 사람이다. 참 다행인 것은 교사자격증이 있었다. 기준이 어디에 있는지는 몰라도 자격증을 얻기 위해 대학에서 필요한 교육과정을 이수하고, 소정의 시험에 합격했다. 그래서 난 가르치는 데 아무런 하자가 없는 것처럼 교실에서 학생들 앞에 섰다. 이미 퇴직한 지가 십 년도 더 된다. 내가 학생들을 가르칠 지식과 인격을 갖추고 교단에 섰는가 생각할 때마다 자신이 없다. 자격증 참 신비로운 힘을 가진 것 같다.

우리 집 거실 벽에 子曰 "溫故而知新온고이지신, 可以爲師矣가이위사이."라 쓴 족자가 걸려 있다. 교사 초년병일 때 학부모님께서 선물 준 붓글씨다. 『논어』의 〈위정편爲政篇〉에 나오는 공자의 말씀이다. "옛 것을 익혀 새것을 알면 스승이 될 수 있다."는 뜻이다. 현직에 있을 때보다 요즈음 더 자주 눈이 간다. 젊은 교사인 내게 왜 이 글을 선물

했을까? 그때는 별생각 없이 지냈으나 볼수록 뜻깊은 선물이다.

나는 요즈음 엉뚱한 생각을 많이 한다. 왜 사는가? 왜 이 정도밖에 못 사는가? 돈이 백억 원 정도 있다면 무엇부터 할까? 사회에 필요한 사람일까? 착한 사람인가? 아내에게 남편으로서 자격이 있는가? 집 아이들에게 아버지로서 역할은 잘하는가? 평생 직업으로 삼은 교사로서 자격이 있었는가? 정말 정답도 없고 기준도 없는 문제를 두고 생각이 깊어질 때가 있다.

잘살고 못사는 자격증, 돈 많이 버는 자격증, 사회에 필요한 착한 사람 자격증, 남편 자격증, 아버지 자격증 등도 교사처럼 자격증이 있었다면 취득할 수 있었을까? 내 노력과 어떤 상관관계가 이루어질 수 있을까. 깊이 생각하니 그런 '증證'이 없는 것이 다행이란 생각이다. 그것이 있어야 했다면 얻기 위한 경쟁에서 어느 정도 실력을 발휘할 수 있었을까. 자격이 있고 없음에 따라 삶의 폭과 깊이가 결정되는 것이 아닐까. 한편으로 눈으로 볼 수 있는 공인된 것이 아니라도 자격을 가졌다는 생각도 든다.

사람에 따라 삶의 가치를 판단하는 기준은 다양할 것 같다. 어떤 사람은 돈, 어떤 사람은 명예, 권력에 둘 수도 있고, 의리나 사랑, 도덕에 목숨 걸기도 한다. 어떤 삶이 가장 가치가 있을까. 여기에도 기준이 없으니 판단은 각자 삶의 철학에 맡길 수밖에 없다. 돈을 많이 가진 사람이 자기가 필요한 물건을 사느라 가진 돈의 양이 많이 줄어들었다고 해 줄어든 돈만큼 그 사람의 존재가치가 떨어지는 것이 아니다. 명예에 상처 입거나 좌천되어 권리나 힘이 떨어졌다고 해도 그 사람의 명命이 짧아지는 것도 아니고, 의리나 사랑, 도덕에 목숨 걸었다고 해도 그의 생이 헛된 것이라 말할 수 없다. 현실적으로 돈, 명예, 권력도 중요하지만, 의리, 사랑, 도덕 같은 것도 인간을 인간답게 만들어주는 가치를 가진다.

명심보감明心寶鑑 천명편天命篇에 '순천자존順天者存 역천자망逆天者亡'이란 맹자孟子의 말이 있다. '하늘에 순종하는 자는 살아남고, 하늘을 거역하는 자는 망한다'는 뜻이다.

하늘을 우러러보는 것이 앙천仰天이다. 하늘을 공경하는 것이 경천敬天이다. 하늘에 순종하는 것은 순천順天이요, 하늘에 아뢰는 것이 고천告天이다. 하늘을 받드는 것이 봉천奉天이고, 하늘에 순응하는 것이 응천應天이다. 하늘에 고마워하고 즐기는 것이 낙천樂天이고, 하늘에 고맙게 느끼는 것이 감천感天이라 한다. 하늘은 창조의 원천이고 생명의 원천이며 진리의 원천이다.

과연 나는 사람으로 태어날 자격을 얻어 태어났는가. 아니다. 나는 사람 자격증이 없다. 그래도 세상의 모든 것은 마음가짐에 달렸다. '일체유심조一切唯心造.' 화엄경華嚴經에 나오는 말이다. 교사자격증처럼 공인된 것이 아니라도 사람 자격증을 가지고 있다. 눈에 보이지 않아 남에게 보여 줄 수 없어도 마음속에는 있다. 날마다 먹는 음식을 신이 주신 것으로 생각하고 기쁜 마음과 감사하는 마음으로 먹는다. 나의 보잘것없는 재능도 신이 주신 것으로 생각하고 고맙게 생각한다.

  오늘날은 자격증 시대라고 한다. 자격증이 자격이 안 되는 사람에게 주어졌을 때는 부작용이 따른다. 부작용을 주는 자격증은 없는 것만 못하다. 비록 자격증 없이 가정을 꾸리고 사회생활을 하고, 삶을 유지하고 있더라도 내 삶을 아름답게 만들어 가야겠다. 삶의 가치는 스스로 지킬 수 있는 사람만이 가진다는 말이 있지 않은가. 내가 가진 사람 자격증은 내 안에 있다. (2020.)

삶의 두 가지 철학

 가장 평범한 것이 가장 철학적이란 말이 있다. 뜻하지 않은 곳에서 우연히 들은 말 한마디가 삶의 철학이 되어 있다. 지금도 계획한 일이 잘되지 않거나, 노력이 부족하다는 생각이 들 때마다 그 말을 생각한다. "언제 거기에 잔디를 심어 봤어?" 아버지와 의형제를 맺은 아저씨의 말씀이다. "응 나 거름 주고 있잖아." 직장에서 모시던 선배의 말이다.
 이십 대 중반에 아버지를 여의었다. 아버지는 농부다. 곡식을 가꾸어 그 열매로 생계를 이었다. 곡식은 사람의 손이 자주 가고 부지런히 가꾸어야 소출이 많이 나고, 사람은 어려서부터 잘 가르치고 이끌어야 훌륭하게 된다고 했다. 땅의 정직함을 믿고 농사를 지었으며, 외아들인 나를 무척 사랑했다. 어린 나에게 이런 말씀도 했다. "공부 열심히 해 나처럼 손에 흙 묻히지 말고 면사무소 서기나 되어라."
 내가 교사가 되자 동네방네 다니며 자랑했다. 아들이 면서기보다 더 좋은 학교 선생이 되었다고. 그렇게 좋아하고 나를 사랑하던 아버지께서는 그 즐거움을 2년도 누리지 못하고 하늘나라로 가셨다. 대학을 졸업하고 중등학교 교사로 직장 생활을 시작한 지 이태째이다. 가을걷이를 위해 나락(벼)을 소구루마(소달구지)에 싣고 집에 운반하고 있었다. 그때 뒤에서 버스가 다가오면서 경적을 요란하게 울리자 소가 놀라 뛰는 바람에 넘어져 머리를 길가 돌에 부딪혔다. 급히 병원으로 가던 중 돌아가셨다.

 장지 문제로 아저씨를 찾았다. 자신의 산기슭에 묘터를 주겠단다. 일가친척과 의논하는 과정에 그곳은 집에서 가깝고, 야산이라 높지 않아 좋다, 단점은 서향이라 잔디가 잘 자랄지 모르겠다며 걱정했다. 집안 어른과 같이 가서 확인한 결과 잔디가 없고 흙이 누렇고 거무스름했으며 억새풀이 무성했다. 마음에 흡족하지는 않았으나 우리 집 소유의 산이 없고 갑자기 큰일을 당해 그곳에 아버지를 모실 수밖에 없었다.

 지관이 시키는 대로 터를 파고 관을 내리고, 파 올린 붉은 황토를 덮어 봉분을 쌓았다. 늦가을이라 마른 떼를 입히고 다지니 산소의 윤곽이 드러났다. 삼우제를 지내니 장례를 치르기 위해 집에 온 일가친척들마저 다 떠났다. 아버지를 여읜 슬픔을 안고 산소를 다녀온 후 아저씨 댁에 갔다. 잔디가 잘 자라지 않을까 걱정이 된다고 했다. 그때 아저씨는 조금도 망설임 없이 말했다. "언제 누가 거기에 잔디를 심어 봤어? 좋은 흙으로 덮기를 하고 잔디를 심은 후 그 위에 거름을 줘 봐라."
그렇다. 떼를 입히고 가꿀 생각은 하지 않고 마음에 안 든다는 생각부터 한 나의 단견이 들킨 듯했다.

 직장 생활을 십 년 정도 했을 때다. 학교 교무실에 화분이 많았다. 누가 권한 것도 아닌데 책상마다 분이 하나둘 있어 봄부터 가을까지 여러 가지 꽃을 볼 수 있었다. 나도 옆자리 선배가 분양해 준 국화를 분에 키웠다. 부지런히 물도 주고 꽃나무 모양도 잡아주며 정성을 들였다. 가끔 창문틀 위로 옮겨 햇살도 충분히 받게 했다.

 옆자리 선배는 국화 분에 별로 관심이 없는 듯했다. 가끔 물끄러미 분을 쳐다보며 뭐라 중얼거린다. 그리고 혼자 씽긋이 웃는다. 수형을 잡아주는 것도 물을 주는 것도 나보다 게으른 듯하다. 그런데도 분의 국화는 내 것보다 더 무성하고 꽃도 더 크다. 추위가 접어들자 분에 곱게 핀 꽃이 시들었다. 화분에 있는 국화의 잎이 누렇게 변했다. 분을 의자 뒤 구석 자리에 내려놓았다. 점점 관심에서 멀어지고 있었다.

 선배 책상 위의 분에서는 국화 이파리가 시들지 않고 연한 초록색을 띠고 있었다. 그는 가끔 분을 따뜻한 창가로 옮겨 해바라기를 시키며 혼잣말로 국화와 이야기를 나눈다. 그리고 마른 낙엽을 주워다가 손으로 잘게 부숴 화분에 정성스럽게 뿌렸다. 내가 무엇 하느냐고 묻자 "응 나 거름 주고 있잖아." 하며 웃었다. 거름은 씨앗이나 묘목을 심을 때나 주는 줄 알았는데 꽃이 지고 잎사귀마저 떨어지기 시작한 늦가을에 국화 분에 거름을 주다니. 내가 가진 상식을 뛰어넘은 준비성에 놀랐다.

아저씨나 직장 선배의 말씀이 바로 생활의 예지, 생활인의 귀중한 철학이다. 삶에서 자연스럽게 터득한 지혜다. 이렇게 몸에 밴 생활 철학은 삶의 과정에서 언제 어디서나 실행하고 실천할 수 있다. 두 분은 내 물음에 깊이 생각하고 고민하며 대답하지 않았다. 평소에 늘 그런 자세로 생활해 왔음이다. 사람은 누구나 자기 인생의 체험과 사색을 통하여 저마다 자기다운 행복의 철학을 갖는다고 하지 않았는가.

공기나 물이 사람이 사는 데 필요한 것처럼 그 말씀도 인생살이에 너무 당연하다는 생각에 일상에서 잊고 살아왔다. 그런데 내가 나이 일흔이 넘어 아직 그 말씀을 생각하는 것은 그분들처럼 생활에 솔선하지는 못했으나, 노력하고 미리 준비하는 삶을 살려고 애를 썼으며, 그렇게 생애를 마무리하고 싶기 때문이다. 두 분 다 돌아가셔서 다시 그 말을 들을 수도 뵐 수도 없지만, 기억하고 있는 것만으로도 큰 축복이다. (2019.)

거울 속 작은 몸

거울 속에 비친 육신을 쳐다본다. 꽤 늙은 한 사내가 웃음을 머금고 빤히 바라본다. 얼굴이 많이 익어 낯설지 않다. 표정에 삶의 연륜만큼 고단함이 묻어 있다. 저 작은 체구로 집안 식구들을 건사하며 자기 삶의 영역을 확보하느라 참 고생이 많았겠다. 다행인 것은 자신을 세상에 하나밖에 없는 귀한 존재로 여기며, 소박하게 살면서도 만족하며 행복해하고 있다.

'나는 누구인가?' 철학적인 물음을 던져본다. 어디서 왔고 어디로 가는지 알 수가 없다. 육체야 장기를 해부하면 어떻게 생겼는지 알 수 있지만, 영혼은 해부할 수도 없고 눈에 보이지도 않는다. 거울 속의 육해六骸에게 질문을 던진다. 몸은 정신을 담은 그릇이라 하는데 넋을 잘 담고 있는가. 정신을 잘 도닥이며 공생하고 있는가. 분명한 것은 작은 체구 때문에 영혼이 열등감을 느낀 때가 종종 있었다.

올해로 나이 일흔둘이다. 키 163㎝에 몸무게 59㎏이다. 다른 사람으로부터 체구가 작다는 말을 듣는다. 그래도 살아오면서 작은 몸집 때문에 불편을 느낀 적은 별로 없다. 꼭 만족하지 못했던 것을 털어놓는다면 학교 다닐 때 항상 앞자리에 앉아야만 했다. 덕분에 수업 시간에 선생님의 설명은 잘 들을 수 있었다. 운동 경기나 힘을 써야 할 때 작고 힘이 없어 덩치가 큰 친구보다 늘 노력을 더 해야만 했다. 지금 생각하니 작은 몸집이 공부나 운동을 하는 데 단점이라기보다는 장점이 되었다.

인생 후반, 결과론으로 볼 때, 작은 체구의 열등감은 영혼이 바르게 성장하는 데 도움이 되었다는 자만심을 가지게 한다. 학교 다닐 때 성적이 뛰어난 공부 선수가 되지는 못했지만, 학급에서 중 이상 유지해 온 것도 앞자리 덕이다. 육체적인 힘의 우위를 내세워 다른 사람을 괴롭게 하거나 피해를 준 적이 거의 없어 착하다는 말을 들어온 것도 작은 체구 때문이 아닌가. 확신할 수 없지만, 교사란 직업을 얻어 평생 굴곡 없는 삶을 유지할 수 있었던 것도 그 덕이라 할 수 있겠다.

또 작은 몸집이 운동 경기를 할 때 큰 체구의 사람보다 더 많이 노력하도록 했다. 지금도 일주일에 한두 번씩 테니스를 즐기고 있다. 테니스를 배울 때 큰 신체를 이용해 게임에서 나를 압도하던 친구들이 팔·다리가 아프다며 운동을 포기했다. 나는 작은 체구 덕분에 아직 테니스를 즐기고 있다. 거울 속의 내 모습이 바로 나의 겉모습이다. 비록 몸집이 작아 남의 눈에 띄게 잘난 모습을 보이지는 못했지만, 영혼이 건전하고 바르게 성장하는 데 도움을 준 육신이 고맙다. 거울 속의 작은 몸이 남은 인생 유종의 미를 거두는 데 도움 주기를 기대한다.

숲속의 나뭇가지가 불어오는 바람에 몸을 맡기고, 계곡 속의 나뭇잎이 흘러가는 물에 저항하지 않듯 거울 속의 작은 몸도 가는 세월에 묻혀 나이를 먹는다. 아침 안개 속 햇살처럼 눈 부시지 않고 태풍 속의 파도처럼 요란하지 않게 지금껏 내게 주어진 일 묵묵히 처리한 몸. 행복을 만드는 데 가장 치열하게 앞장선 몸. 가족을 지키며 영혼을 맑게 하는 데 헌신한 몸. 재산이 적고 권세가 높지 않고 명예가 크지 않아도 마음을 달래며 나를 지켜온 몸. 인생이란 백마가 달리는 것을 문틈으로 내다보는 것처럼 지나간다는 중국 고전의 말처럼, 삽시간에 지나갈 생의 끝자락까지 내 정신을 지키고 있을 몸이다.

나이 70대가 될 때까지 내 영혼을 소중히 데리고 다닌 육신이 고맙다. 오늘도 종일 삶의 현장 여기저기를 바쁘게 다녔다. 육체의 즐거움이 정신의 즐거움으로 이어지고, 정신의 행복이 육체의 행복을 가져오지 않았는가. 자존심을 지키고 나 아닌 다른 모든 것도 소중하게 여길 줄 알게 한 거울 속의 작은 몸을 다시 쳐다본다. 인생을 진지하고 호방하게 사람답게 살다 끝내고 싶다. 온갖 아름답고 향기로운 꽃들을 모아놓은 것처럼 화사하게 산 삶은 몸과 마음이 함께할 때였다. 삶의 행·불행을 책임질 내 작은 몸집을 더욱 사랑해야겠다. (2018.)

나는 싸움꾼이다

나는 싸움꾼이다. 어제도 싸웠고 오늘도 싸운다. 살아남기 위해서 싸우고, 즐기기 위해서도 싸운다. 태어날 때부터 어머니는 싸움하는 법을 가르쳐 주었고, 아버지는 싸움에서 이기는 방법을 가르쳐 주었다. 아버지 정자가 어머니 자궁 속에서 난자를 만나 착상할 때부터 싸웠다. 지금까지 살아 있다는 것은 싸움도 잘했지만 싸움하기 위한 환경이나 여건이 뒷받침되었기 때문이다.

어제는 테니스장에서 싸웠다. 40여 년 전쯤부터 이어온 테니스 모임이 있다. 모임을 처음 할 때만 해도 남들이 부러워했다. 운동복으로 아래위 하얀 추리닝training을 입고 라켓을 메고 테니스장으로 갈 땐 어깨에 힘을 주고 팔을 힘차게 흔들었다. 선수처럼 테니스를 잘한 것이 아니다. 겨우 라켓 잡는 방법과 서브 연습하러 가면서도 폼 재고 으스대곤 했다.

차츰 테니스를 즐기는 사람이 많아짐에 따라 처음 배울 때처럼 폼 잡을 일이 적어졌다. 그래도 테니스장에서 동호인들과 게임game을 하는 것만으로도 즐겁고 재미가 있다. 한 경기만 해도 온몸에 땀이 나고 숨이 가쁘다. 시합하는 동안은 모든 근심·걱정이 없어진다. 오직 노란 공을 따라다니며 상대편의 눈만 바라본다. 눈을 봐야 공이 어디로 올 것인지 짐작할 수 있다. 눈은 언제나 몸동작보다 먼저 말한다.

지금껏 테니스를 쳤으나 실력은 동호인과 재미로 시합할 정도다. 이기나 지나 보상이나 벌이 주어지지 않는다. 그래도 이기고 싶다. 서브로 공을 '빵' 쳐서 네트를 넘겼을 때 상대편이 못 받기라도 하면 기분이 좋다. 랠리rally가 계속될 때는 이리저리 작전을 구상하며 상대가 라켓으로 받기 어렵게 한다. 상대편의 공이 네트를 넘어오는 것이 순간이다. 그 짧은 시간에 공을 어떻게 받고 칠 것인가 결정해야 한다.

씨름이나 격투기처럼 선수끼리 몸을 부딪치며 하는 시합은 아니지만, 이기는 사람과 지는 사람이 있다는 점에서는 테니스도 같다. 승부가 있다는 것은 곧 싸움이다. 동호인과의 경기지만 지기보다 이기면 기분이 좋고 피로도 덜하다. 경기에서 졌을 때 상대가 내 단점을 거론하며 약을 올리면 열이 난다. 왠지 마음이 찝찝해진다.

오늘은 기원에서 싸웠다. 바둑도 50여 년 이상 즐긴 취미다. 상대와 바둑판을 가운데 놓고 마주 앉아 검은 돌과 흰 돌을 가지고 싸움을 한다. 마음을 다스리는 데는 이것보다 더 좋은 것이 없다. 어릴 때부터 청소년기까지 하는 일이 급했다. 부모님은 나의 급한 성질을 두고 장래를 걱정했다. 참을성 없는 행동으로 주변 사람들과 갈등을 겪고 생각

없이 뱉은 말로 가족이나 친구에게 신뢰감을 잃기도 했다. 바둑을 두면서 성격이 느긋해지고 마음에 여유가 생겼다.

바둑을 만난 것은 대학 1학년 때 하숙집 동료들로부터다. 처음 배울 때는 접바둑으로 반상에 검은 돌을 여러 개 먼저 놓고 두었다. 아홉 개의 화점에 검은 돌을 모두 놓고도 그 사이에 또 덤으로 몇 개씩 놓았다. 그래도 싸움에서 이기는 횟수보다는 질 때가 많았다. 판을 거듭하며 두는 요령과 방식을 익히면서 접바둑으로 먼저 놓은 검은 돌의 개수가 줄어들었다. 수가 비슷한 사람끼리 백 판을 두면 가르쳐 주는 사람이 없어도 일급 정도 실력이 는다는 말에 힘을 얻어 끈질기게 돌을 놓았다.

바둑은 인간의 삶과 참 많이 닮았다. 산 사람의 평가는 하지 말라고 한다. 아직 살날이 남아 있어 어떻게 생을 마감할지 모른다. 바둑을 두면 반상의 돌도 앞으로 어떻게 될지 모른다. 죽었다고 포기한 돌이 살아 도리어 상대방 돌을 잡은 경우가 있는가 하며 살았다고 생각한 돌이 죽는 경우도 허다하다. 바둑판은 가로세로 각 19줄이며, 칸은 모두 361개다. 돌은 검은 돌이 181개이고 흰 돌이 180개다. 반상의 변화가 무궁무진해 지금까지 둔 바둑이 똑같이 두어진 예는 없다고 한다. 이는 앞으로도 그럴 것이다. 똑같은 삶을 산 사람이 세상에 존재하지 않는 것처럼.

부모님이 바둑 두는 취미에 빠진 모습을 보고는 하라는 공부는 안하고 잡기만 한다고 걱정했다. 바둑은 필드field에 나가지 않고 실내에 앉아서 하는 운동이다. 정신 건강을 위해 좋다. 상대가 정해지면 규칙에 따라 흑과 백의 바둑돌을 바둑판의 교차점에 교대로 한 수씩 놓은 후 더 둘 곳이 없으면 종국을 선언하고, 집과 잡은 돌을 더해 그 합이 많은 쪽이 이긴다. 겉으로 보기에는 격하지 않은 경기 같으나 소우주에서 일어나는 싸움이다.

테니스나 바둑뿐 아니라 인생 곳곳에는 싸움할 일이 많고 그 결과에 따라 희비가 엇갈린다. 싸움에서 승리는 혼자 노력으로 이루어지는 것이 아니다. 환경이나 여건이 이길 수 있게 조성되어야 하고, 거기에 잘 적응해야 한다.

나는 몸집이 작고 힘이 약했다. 학교 다닐 때 늘 앞자리에 앉아 공부했고, 운동 경기에는 뒤처졌다. 친구들과 싸움에서 이겨본 적이 거의 없다. 다행인 것은 키가 작아 교실 앞자리에 앉은 덕에 수업 시간에 선생님의 설명은 잘 들을 수 있었다. 또 작고 힘이 없으니 친구들과 싸운 일이 별로 없다. 그래서 어른들로부터 착하다는 말도 많이 들었다.

또 작은 몸집이 운동 경기를 할 때 큰 체구의 사람보다 더 많이 노력하도록 했다. 지금도 일주일에 한 번 이상 테니스를 즐기고 있다. 함께 배울 때 큰 신체를 이용해 게임에서 나를 압도하던 친구들이 팔·다리가 아프다며 운동을 포기했다. 나는 작은 체구 덕분에 아직 즐기고 있지 않은가. 바둑도 그렇다. 어릴 때는 성질이 급해 눈을 씀벅씀벅하며 함부로 말을 하거나 경솔하게 행동해 부모님을 걱정시켰다. 다행인 것은 공부는 안 하고 잡기만 한다는 부모님의 걱정과 달리 지금까지 바둑을 즐겨 둔 덕분에 성격이 느긋해지고 마음에 여유가 생기지 않았는가.

지금껏 살면서 참 많이 싸웠다. 지기도 하고 이기기도 했다. 일류의 역사는 투쟁의 기록이란 말이 있듯이 내 삶도 싸움의 연속이다. 요행히 아직 목숨을 유지하고 있다. 내가 잘 싸워 살아 있는 것이 아니라 부모님을 비롯한 주위의 인연 닿은 많은 사람과 환경과 조건 덕이다. 세상의 끝자락에 서게 될 때까지 행복하고 즐거웠으면 한다. 그리고 후회 없는 삶을 살고 싶다. 그러기 위해 앞으로도 계속 싸워야 한다. 싸우되 테니스나 바둑을 하듯 즐겁게 하고 싶다.

테니스나 바둑에서 이기는 방법은 실력도 문제지만, 포기하지 않는 도전 정신이다. 인생도 같다. 매사 포기한다는 것은 싸울 의사가 없다는 것이고 싸울 자신이 없는 사람이 이길 수는 없다. 지금껏 내가 살아남은 것은 나름의 방법과 작전에 따라 잘 싸워왔음이다.

때로는 남 보기에 말이 어눌하고 행동이 느려 답답하게 보일 때도 있지만 아직은 승리자다. 앞으로 얼마나 더 살는지 모르나 삶의 여정이 종착지에 도착할 때까지 이승에 머물러야 한다. 나는 그때까지 싸움꾼으로 남아 행복하게 즐겁게 싸우며 하루하루를 웃음 가득한 날로 만들 작정이다. (2018.)

희수喜壽에 던지는 메시지

　우여곡절을 거듭하며 희수喜壽 나이를 살아왔다. 일주일에 서너 번씩 테니스를 즐기고 한두 번씩은 바둑을 둔다. 돈 버는 일은 뒤로하고 문학단체나 글쓰기동호회 모임에 가끔 참석하며 한껏 여유롭고 평화롭게 일상을 유지하고 있다. 일백 년을 살아보니 '인생의 황금기'가 육십에서 칠십오 세까지였다는 어느 노철학자의 말이 생각난다. 그분의 삶의 경험에 대입하면 지난해를 끝으로 나의 인생 황금기도 끝난 상태다. 그래도 이 나이에 나에게 던질 몇 마디 말을 찾아본다.
　먼저 아버지와 어머니 생각이 난다. 두 분 모두 내 곁을 영원히 떠나가셨지만, 삶에 가장 영향을 많이 준 존재다. 나는 누님과 여동생 사이, 삼 남매 중 중간이다. 남아선호사상이 지배하던 사회에서 외동아들로 애지중지 고생을 모르고 자라 의지가 강하지 못했다. 사랑은 많이 받았지만 힘들거나 어려운 일을 만날 때마다 스스로 처리하지 못하고 부모님의 얼굴을 쳐다보며 나약한 행동을 했다. 약간의 내성적인 성품으로 남보다 앞서 새로운 일을 개척하는 데 소극적이었다. 삶이 화려하지는 않았으나 그렇다고 궁핍하지도 않았다. 부모님을 존중하고 존경하는 마음으로 정성껏 모셨다.

아버지는 내가 결혼하기 전에 돌아가셨다. 진갑을 맞이한 해였으니 연세가 예순한 살 때다. 정성 들여 가꾼 벼를 가을걷이해 집으로 옮기는 중이다. 리어카를 소가 끌고 다니게 개조한 수레에 탈곡하지 않은 볏단을 가득 싣고 신작로를 지나고 있다. 그때 뒤따라온 버스가 경적을 울리자 소가 놀라 뛰는 바람에 길가로 넘어졌다. 머리를 돌에 부딪쳐 병원으로 가던 중 영면하셨다. 내가 대학을 졸업하고 객지에서 교사로 2년째 근무하던 가을이다. 마음에 드는 참한 며느리를 보겠다고 분주하게 지인들께 부탁하시더니 끝내 자부가 지은 따뜻한 밥 한 끼 드시지 못하셨다. 영원한 불효자다.

어머니는 아흔아홉 해를 보내고 이승을 하직하셨다. 1912년생이다. 우리나라가 국권을 일본에 빼앗긴 경술국치庚戌國恥가 있던 이태 후다. 어린 시절을 일제강점기 아래 보내면서 배고픔도 견디어야 했고, 학교도 다니지 못했다. 배우지 못해 문맹자로 한을 평생 가슴에 품고 사셨다. 아버지와 결혼 후에도 끼니 걱정하면서도 7남매를 낳았으나 어릴 때 다 잃고 삼 남매만 건사해 결혼시켰다. 나대로는 정성을 다해 모셔왔지만, 말년에 치매란 몹쓸 병으로 4년이란 긴 세월을 요양병원에서 보내야 했다. 마지막에는 손자가 병원을 찾아도 누군지 몰라보고 심지어 나를 보고도 엉뚱한 말씀을 하셨다. 마지막 가실 때 그렇게 애지중지 키운 아들인 내가 임종을 못 했으니 지금도 마음에 회한으로 남아 남몰래 눈물을 흘린다.

고등학교 졸업하고 서울에 있는 대학에서 공부해야겠다는 생각에 재수하고도 실패해 지방대학을 다녔다. 학과도 그 당시 유행하던 상경계열학과에 낙방해 인문계열 국어국문학과에 입학했다. 대기업이나 은행에 취직하거나 자영업을 하더라도 비전이 확실하다는 관련 학과에서 공부를 못 했으니 인생의 일차적인 꿈은 일찍 접어야 했다. 심리적 방황 속에서 대학 저학년을 보내고, 고학년이 되면서 장래 먹고살 생각에 학과 공부를 열심히 하지 않을 수 없었다.

마침 대학에서 교직과정을 이수해 국어 교사자격증을 획득했다. 덕분에 순위 고사를 거쳐 경상북도교육청 산하 중·고등학교 교사로 임용되어 37년 6개월 동안 교육공무원으로 근무했다. 대학 학과 선택이 평생 직업으로 교사의 길을 걷게 했다. 매월 받는 월급으로 생활하느라 경제적으로는 팍팍했으나 마음은 편안했다. 하루 중 대부분을 청순한 청소년들과 보냈으니 늘 활기차고 여유가 있었다. 잘 먹고 살기 위한 생존경쟁도 치열하게 해본 기억이 없다. 매년 봄에 씨를 뿌려 가을에 수확하는 농부처럼 제자들을 보살피며 그들의 가슴에 심은 꿈이 잘 영글도록 도와주며 지냈다.

어제는 40여 년 전 제자 아버님이 돌아가셔 문상을 다녀왔다. 퇴직하기 전에는 장년壯年이 된 제자들이 학교에 가끔 찾아와 그들의 학창 시절 추억을 떠올리며 환담했다. 지금은 그들도 장년長年이 되어 부모님 부고를 보내온다. 제자도 머리에 서리를 이고 슬픔에 잠겨 있다. 세월의 흐름에 비켜 갈 장사 없다더니 그도 나처럼 황혼이다. 그래도 상갓집을 찾아 제자를 위로하고 왔으니 축복받은 시간을 보냈다.

 누가 뭐래도 이제 노년이다. 노년은 노을빛 같고, 흰 눈빛 같고, 또 별빛 같은 나이라고 하나 그만큼 늙었음도 인정해야겠다. "성성백발星星白髮을 머리에 인 사람의 겉모습은 한겨울 백설에 싸인 태산 같고, 속마음은 한여름 밤 은하수의 별빛과도 같다. 노년은 높다란 고갯마루에 쌓인 백설처럼 장엄하면서도 밤하늘에 높이 뜬 샛별처럼 은은할 수 있을 것이다."라고 김열규 교수는 말했다. 노을빛 같고, 흰 눈빛 같고, 또 별빛 같은 나이, 그게 노년이다. 나도 세 가지 빛살을 더불어 하나로 누리고 있는 나이다. 일몰日沒의 아름다운 기운이 일출日出의 그것과 어금버금하다고 한다. 인생 황혼이 석양빛에 물들고 석양의 기운으로 율동하기를 다짐한다. 희수喜壽의 나이에도 성취와 결실을 향한 열정으로 나에게 메시지를 던져본다. 내가 할 수 있는 일, 즐길 수 있는 것, 숨어 있는 행복을 찾는 데 게으름 부리지 않을 작정이다. 인생은 지금부터라고 다시 한번 다짐해 본다. (2022.)

행복한 삶 즐거운 삶

뜰에 동백꽃이 환하게 피었습니다. 겹꽃이라 보기 좋습니다. 가난하게 살아도 이른 봄에 남보다 먼저 빨간 동백꽃을 볼 수 있다는 것은 행복입니다. 또 있습니다. 대문 옆에 서 있는 목련나무에 하얀 꽃이 피었습니다. 다사로운 햇살 속에 꽃봉오리가 순수하게 보여 엄숙하기까지 합니다. 이렇게 작은 것에서 보람을 찾으며 남보다 못 가진 허전함을 달랩니다.

겨우내 텅 비었던 놀이터에 아이의 수가 늘어가고 있습니다. 봄은 그들의 친구인가 봅니다. 집에만 있던 아이들을 자꾸 불러냅니다. 봄볕 속에 뛰어노는 얼굴이 동백이나 목련 꽃처럼 신선해 보입니다.

어제는 팬지꽃 몇 포기 사와 뜰에 심었습니다. 심은 곳이 지난가을 낙엽을 모아 묻어 두었던 곳이라 거름 냄새가 확 났습니다. 봄에 맡는 퇴비 냄새라 별로 기분이 나쁘지 않았습니다. 정성을 들여 심고 물까지 충분하게 주었으니 우리 집에 넉넉한 봄을 가져다주겠지요.

다가오는 일요일에는 고향에서 함께 자란 붕우 몇을 초청해 동백꽃을 바라보며 마주 앉아 목련꽃 같은 순백의 정담을 나눌까 합니다. 동백과 목련의 꽃 얘기가 끝나면 눈길을 대문 위로 돌려 개나리의 노란 이야기도 할 것입니다.

  집 주위의 봄 이야기가 끝나면 고향을 찾을 테지요. 마을 어귀에 서 있는 산수유의 노란 꽃을 떠올리고, 뒷산에서 필 연분홍 진달래와 과수원의 복숭아꽃 얘기도 하겠지요. 이렇게 고향 마을의 봄꽃을 예찬하는 사이 봄이 우리 앞에 성큼 다가왔음을 느낄 것입니다. 뜰에 솟아나는 새싹을 보면서 어린 시절의 꿈과 현실을 생각하며 삶의 가치가 무엇인지도 논하게 되겠지요.

  봄이 사방에서 흥건하게 다가와 우리에게 희망을 줍니다. 땅속의 씨앗에 움을 틔우고 나뭇가지 끝에 초록의 싹을 만듭니다. 가슴속에 감추어둔 꿈과 사랑도 찾아보게 합니다. 현실이 이상과 달라서 가슴 아플지라도 해마다 찾아오는 봄이 있어 행복합니다. 잠시 바쁜 일상에서 벗어나 봄이 주는 선물을 놓치지 않겠습니다.

  벚나무에는 연분홍이 개나리꽃에는 연노랑의 안개가 아롱거립니다. 따뜻한 봄 햇살이 다른 의미로 삶의 의욕을 돋워 줍니다. 우리는 힘차게 봄을 향해 달리며, 고개를 젖혀 하늘을 바라보며 꿈과 행복이 가슴속에 있음을 확인할 것입니다.

  뜰이나 주위의 빈터에 봄이 지난 후에도 아름다움을 만날 수 있게 꽃씨를 심는 여유도 가질 것입니다. 남몰래 심은 꽃씨가 희망으로 다가와 내게 웃음을 선물할 때 삶이 행복하고 아름다움을 느낄 수도 있겠지요.

정말 인생은 봄이 있어 행복하고 즐겁습니다. (2008. 4.)

따뜻하게 사는 방법

　용서는 사랑입니다. 용서할 것이 많은 사람은 불행합니다. 용서할 것이 쌓인 가슴에 철학을 채우고 사랑을 채우고 새로움을 채운다고 마음이 개운해질까요?
　용서는 마음 치료제입니다. 갈등으로 가득한 마음을 치료합니다. 마음에 쌓인 앙금의 벽을 허무는 묘약입니다. 용서하지 못하는 마음은 상처투성이입니다. 푸른 하늘 보고 웃을 수 있고, 지금껏 만나기 거북한 사람과 어깨동무할 수 있는 치료제가 용서입니다.
　새로운 것을 채우기 위해서는 먼저 비워야 합니다. 오래되어 낡고 썩은 것을 비우는 것이 우선입니다. 더러운 연못에 맑은 물 한 컵을 부어봤자 더러운 물만 늘어날 따름입니다. 마음속에 있는 욕망의 찌꺼기를 버리고, 신이나 자연이 주는 새것을 채워야 합니다. 몸과 마음이 맑고 밝고 깨끗하게 다시 태어날 수 있게 용서하는 마음으로 채우고 싶습니다.

내 마음을 정화하기 위해 노력할 작정입니다. 삶의 여정에 용서할 일을 차분하게 정리할 생각입니다. 몹시 덥던 지난해 여름 ○○경로당의 할머니가 흘린 눈물이 생각납니다. 대구 중구노인상담소가 대구사회복지공동모금회 지원사업에 선정되어 개발한 '노년기 대인관계 상처 회복을 위한 용서 증진 교육'* 프로그램이 있습니다. 내용 중에 칠십 세에 한글을 깨친 어느 어머니가 아들에게 쓴 「아들」이란 시를 조용히 낭독했습니다.

"나한테 태어나서 고생이 많았지/ 돈이 없으니까/ 집도 못 사주니까/ 다른 데 마음 쓰느냐고/ 너를 엄청 많이 때렸다/ 화풀이해서 미안하다// 엄마는 엄마는/ 마음이 많이 아프다/ 용서해 다오/ 저 세상에서는 부자로 만나자/ 사랑한다/ 또 이 말밖에 줄 것이 없다"

할머니처럼 시를 듣고 눈물을 흘릴 줄 아는 순수한 사람이 되고 싶습니다. 구체적인 사연이야 어떻게 알겠습니까. 강의 중에 나온 어느 어머니가 쓴 「아들」이란 시를 듣고 눈물을 훔친 것은 아들과 사이에 깊은 갈등일 수도 있고, 아들에 대한 사랑일 수도 있습니다. 나는 마음이 깨끗한 분이라고 생각합니다.

할머니는 아들에게 용서를 구하고 싶은 것일까? 아니면 용서를 받고 싶은 것일까? 오늘 내 강의 내용을 이해 못 해도 좋습니다. 용서란

세상살이에 꼭 필요하고, 용서하든 용서받든 할머니의 마음속에 맺혀 있던 멍울이 풀렸으면 좋겠습니다.

무에서 유를 창조하는 만큼 어려운 일이 있을까요. 용서와 관련된 책을 스무 권도 더 내놓으면서 그 속의 내용을 소개하던 상담소 소장님의 또렷한 말씀이 귀에 다시 들리는 듯합니다. 가르치는 것은 배우는 것이란 말을 실감했습니다. 인생의 연륜이 나보다 많은 어르신께 소장님과 함께 마련한 용서 교육 프로그램 내용을 전달하느라 땀을 흘리는 내 가슴에도 뜨거운 울림이 다가왔습니다. 능숙하고 시원하게 진행하지 못한 용서 교육을 듣고 공감하는 어르신이 있다는 것만으로도 강사인 내가 더 고마웠습니다.

나는 또 다른 방법으로 세상을 따뜻하게 살아가는 방법이 있음을 알아가고 있습니다. (2017.)

* 노년기 대인관계 상처 회복을 위한 '용서 증진 교육' : 2016년도 대구 중구 노인상담소에서 강남미 소장을 비롯해 12명의 자원봉사자가 모여 어르신들을 상대로 개발한 교육 프로그램이다.

나의 참모습

사진 속 내 모습이 마음에 들지 않는다. 정면으로 찍혀 있지도 않다. 옆모습만 보인다. 그것도 몇 사람은 멋을 잔뜩 부리며 카메라를 바로 보고 있는데 나는 아니다. 사진 찍은 그들 옆을 지나다가 그 속에 담겼다. 보고 또 봐도 내가 아닌 것 같다. 낯설고 어색하다. 내 의사와는 상관없이 찍힌 것이니 자연스러운 모습일 텐데 주인공으로 자리하지 못한 것에 대한 거부감이 작용하는지 낯설게만 보인다.

수필집을 낼 때 작가 프로필을 만들기 위해 사진관을 찾았다. 사진사는 자연스러워야 한다며 얼굴 방향을 여러 각도로 돌리며 사진을 찍었다. 여러 장의 사진을 컴퓨터 모니터에 띄워 놓고 살피더니 고개를 갸우뚱하며 표정이 잘못되었다며 다시 시작이다. 이빨을 내고 환하게 웃어라. 표정이 너무 굳다 좀 부드럽게 해라. 눈을 정면으로 보지 말고 대각선으로 봐라. 요구가 많다. 열댓도 더 되는 사진을 다시 모니터에 띄우고 한 장만 선택하란다. 마음에 쏙 드는 것이 없다.

나는 싸움꾼이다

'사진이 거짓말하는 것 봤나' 하는 말이 있다. 사진을 놓고 내 모습을 찾는데 마음에 드는 것이 없다니 말이 안 된다. 그것은 지금까지 나의 얼굴을 모르고 살았다는 것과 같다. 고민이 깊어지면서 회의감마저 든다. 어떻게 살았길래 내 얼굴 사진을 고르는데 이렇게 자신감이 없을까. 망설이고 있는데 사진사가 "이 정도면 되지 않을까요." 하면서 한 장 뽑아준다. 별다른 이의를 달지 못하고 고개만 끄덕이며 받아들고 왔다.

집에 와서 아내에게 사진을 보여주니 내가 아닌 것 같다면서 사진 한번 보고 얼굴 한번 쳐다보기를 반복한다. 사진관에서 사진 고르느라 힘이 들었는데 아내마저 쉽게 수긍하지 않으니 나의 모습은 어떨까. 몹시 의심스럽다. 아내의 가슴에 담긴 내 얼굴이 어떻게 생겼을까. 평생을 같이 살면서도 사진을 보고 아닌 것 같다니 집사람도 분명 나의 참모습을 모르고 있다는 생각이다.

가끔 공원이나 공공장소에서 다른 사람 몰래 슬며시 휴지를 버리고도 안연히 행동했던 모습. 학교 다닐 때 아버지가 내 성적표를 잘못 보시고 지난번 성적보다 좋아졌다며 칭찬했을 때 바르게 말하지 않고 돌아서 씩 웃음 짓던 모습. 과일가게에서 사과를 사면서 주인이 봉투 속에 더 크고 맛있는 것을 넣어 줄 때 마음속으로 놀라며 좋아하던 일. 시내버스를 기다리다가 잠시 엉뚱한 생각을 하며 다른 곳을 쳐다보는 사이 그냥 지나가는 기사를 속으로 욕하며 멍하니 쳐다보는 모습. 아내가 용돈 계산을 잘못해 예상보다 많이 받고도 아무 일 없었다는 듯 태연히 받아 챙긴 일.

　사진이 겉으로 드러난 나의 진상이 아니라면 거울 속에 보이는 내 모습도 참모습이 아닐 수 있다. 하루에도 몇 차례 거울을 보며 표정을 바로 잡거나 옷맵시를 고친다. 이렇게 남의 눈에 보이는 내 모습은 나의 참모습이 아니다. 나의 진상은 엉뚱한 곳에서 뜻하지 아니한 표정이나 행동으로 무의식적으로 나타난다. 그것도 일관되게 나타나는 것이 아니라 시간과 장소에 따라 내가 처한 환경이나 상황에 따라 수시로 가면을 쓰고 나타난다.

　학교 다닐 때 자신감이 없어 선생님께서 질문한 문제의 정답을 알고 있으면서도 손을 들고 발표하지 못해 손가락만 입에 물고 물끄러미 앉아 있던 내 모습. 패싸움할 때 같은 편 친구들이 모두 싸우는데도 용기가 없어 달려들지 못하고 뒤에서 주먹만 꼭 쥐고 바라만 보던 나. 행동이 민첩하지 못해 시간을 다투는 일에도 남보다 재바르게 처리 못 해 아내에게 답답하고 느려터진 사람이란 말을 듣고도 못 들은 척하는 사람….

　그렇다. 내 모습은 눈에 보이는 것도 있지만 보이지 않는 것도 있다. 심안이란 말이 있지 않은가. 사람의 진심을 알려면 그의 말이나 행동을 볼 것이 아니라 눈을 봐라. 눈에는 언제나 사람의 말과 행동보다 더 정확하게 마음이 나타난다. 나의 참모습은 사진으로 나타난 것이 아니라 마음에 새겨져 있는 것이다. 사진은 마음보다 믿을 것이 못 된다. 그렇다고 마음속에 숨어 있는 모습도 참모습은 아니다. 마음속 나의 모습은 가면을 쓰고 나타나는 경우가 더 많다. 아내는 나의 가면 때문에 내 참모습을 보지 못하고, 나는 나의 참모습을 모르면서 아는 체하고 살아가고 있을 뿐이다.

오늘도 태연히 사회정의를 논하고 내 생각만이 참이라 우기며 거울 속의 모습을 보며 웃고 있다. (2020.)

내 소나무

　코로나19로 생활의 폭이 좁아졌다. 사회적인 거리 두기가 일상이 되었다. 공원에 산책 온 모두가 얼굴에 마스크를 써 가까이 가지 않으면 누구인지 모른다. 그냥 옆을 지나치면 다정하던 이웃도 알 듯 말 듯싶다. 거리엔 사람이 줄고 대로를 지나는 시내버스엔 승객이 한두 명 타고 있다. 만나는 사람마다 전쟁이 따로 없단다. 사람에게 인간 냄새를 맡지 못하고 서로를 경계하고 피한다면 적과 대치해 치열한 싸움을 하는 전쟁터보다 더한 세상이 아닐까.

　매스컴이 밀폐된 공간에서 사람들과 만나지 않는 것이 코로나19의 감염 예방에 효과가 제일이라 연일 홍보다. 아파트 관리사무실에서도 매일 방송이다. 직장에서 퇴직해 생활 반경이 좁은데 더구나 갈 곳이 없다. 하루 생활이 단조롭다. 오전에는 아내와 함께 두류공원을 산책하고 오후에는 집 안에서 지낸다.

　아내와 다니는 공원 산책 코스는 둘이다. 하나는 금봉산을 중심으로 자동차가 다닐 수 있을 정도로 포장해 놓은 둘레길이다. 길이 편안하고 넓고 안전해 이곳을 오는 사람들이 가장 선호한다. 다른 하나는 금봉산 중턱으로 난 둘레길이다. 오르막과 내리막이 심한 산길이라 다리가 불편한 사람이나 어린이 그리고 노약자는 다니기 불편하다. 좋은 점은 울창한 수목이 길 따라 이어져 있고, 새소리 바람 소리를 들을 수 있다. 특히 남쪽 기슭에는 소나무가 많아 운치를 더한다. 아내와 나는 주로 이 길을 이용한다.

　요즈음 '내 소나무' 찾기에 힘을 쏟고 있다. 거창한 일을 하기 위한 것도 아니고 큰 뜻이 있는 것도 아니다. 소나무는 자란 모습이 나무마다 다르다. 나무의 모습에 따라 삶이 참 평탄했겠다는 생각이 드는 것도 있고, 삶이 참 고달팠겠다는 것도 있다. 전자는 경사가 완만한 산비탈 볕이 잘 드는 곳에 보기에도 편안히 서 있고, 후자는 돌 틈 사이에 억지로 뿌리를 붙이고 불편하게 서 있다. 소나무는 오랜 세월 목재로 다양하고도 폭넓게 이용된 우리 민족이 가장 사랑하는 나무다.

　두류공원 금봉산 남쪽 기슭에는 적송이 많다. 적송은 우리나라 토종 소나무다. 아침 햇빛을 받아 줄기의 윗부분이 붉은 기운을 띤다. 큰 산의 중턱에 자리 잡아 잘 자란 적송은 아니라도 내 나이보다 연륜이 더 많겠다. 줄기가 밑동에서 수관(樹冠)까지 미끈하게 뻗어 보기 좋은 것도 있고, 줄기 곳곳에 많은 옹이를 달고 구불구불 몸이 비틀어진 것도 있다. 제각각 자란 소나무에 삶을 대입해 본다. 내 인생과 닮은 나무를 찾는 재미가 산책의 의미를 더한다.

어느 날 내 삶과 닮았다 싶은 나무를 보고 "내 소나무"라고 하니 아내는 씩 웃으며 아니란다. 이유가 참 많다. 훤칠한 키에 가지를 멋스럽게 일렁이며 점잖아 보이는 소나무는 나의 삶의 과정과 맞지 않는다나. 수피樹皮가 거칠고 줄기에 옹이를 많이 달고 힘겹게 사는 듯이 보이는 나무도 아니란다. 삶이 매몰차지 못해 집안일을 할 때마다 결정력이 부족하고, 매사 다른 사람들에게 욕먹을까 두려워 우물우물해 자기의 속을 답답하게 했다. 가진 재주나 능력이 뛰어나 남보다 앞서가는 것도 아니고 그렇다고 남에게 무시당하거나 매번 꼴찌를 하지도 않는다나. 보통으로 인생을 평범하게 산 모습에 어울려야 한단다. 많은 소나무 중 그런 나무 찾기도 만만하지 않다.

한 시간 정도의 산책 시간이 매번 짧게 느껴진다. 둘레길을 천천히 걸으면서 이 소나무 저 소나무를 쳐다보며 걸음을 멈추기도 하고, 손으로 줄기를 쓰다듬으며 나무가 주는 영감에 사로잡히기도 한다. 나무 둥치를 안고 귀를 대어 껍질 속의 물관과 체관에서 나는 소리까지 들어 본다. 어떤 때는 나무 바로 아래에 서서 고개를 양껏 젖히고 쳐다보기도 하고 조금 떨어져서 아래위를 살피기도 한다. 그때마다 나무는 나에게 다른 메시지를 던진다. 같은 행동에서도 그날 그때의 기분에 따라 전해오는 느낌이 다르다.

다행스러운 것은 아내가 여러 소나무 종류 중 적송에서 '내 소나무'

를 찾아보란다. 이곳 두류공원 금봉산 소나무는 대부분 육송과 적송이다. 나무껍질이 길게 터지고 검은빛을 나타내며 빨리 자란 것이 육송이다. 껍질에 거북 등 같은 무늬가 있고 햇빛을 받으면 붉게 보이는 것은 적송이다. 여기는 육송보다 적송이 많다. 적송은 이삼백 년 자라야 훌륭한 재목이 된다. 그것도 산꼭대기나 기슭에 있는 것은 질이 낮고 큰 산의 중턱에 있는 것이 품질이 좋다고 한다.

금봉산은 해발 139m밖에 안 되는 나지막한 산이다. 여기 있는 적송이 고급 목재가 될 정도로 크지는 않지만, 도시민의 휴식과 산책을 위한 공간에 사철 푸른 모습으로 제 할 일을 하고 있다. 영양 부족으로 잘 자라지 못해 굽고 뒤틀린 모습으로 군락을 이루며 솔숲이 된다. 삶이 모두 옆 소나무와 연결되어 있다. 자세히 보면 장엄하고 생생하며 소박하다. 그중에는 주위의 나무와 생존 경쟁하면서 제법 하늘 높이 뻗어 자란 것도 있다. 나무도 사람처럼 스스로 험난한 환경을 이겨 내고 제자리에 섰을 때 자기 몫을 하는 것 같다.

나는 적송이 내뿜은 공기를 사랑한다. 푸른 솔숲에서 들려오는 바람 소리가 신선하고 순수하다. 코로나19로 지친 심신을 씻는다. 행복이란 편안함도 느낀다. 소나무는 내가 아끼다 병들 육체와 정신이 뿜어내는 탐욕의 냄새를 정확하게 맡고 정화해 준다. 숨 쉬지 않은 듯이 조용히 살면서 위대한 생명을 이어가고 있다.

소나무에서 침묵하며 사는 방법을 배우고 싶다. 한자리에 붙박여 있어도 우주의 변화를 감지하고, 처신을 어떻게 해야 행복한지를 아는 소나무. 솔숲을 지날 때마다 많은 대화를 나눈다. 소나무는 크기나 수형이 다양하다. 자란 햇수나 어느 곳에 터 잡았느냐에 따라 다르다. 사람의 얼굴에도 어디에서 어떻게 살았는가에 따라 행하고 말하는 것이 드러난단다. 산책 때마다 소나무에서 나 자신과 마주친다. 그들이 점점 나의 스승이 되어 간다. 코로나19가 준 생활의 변화다. (2020.)

마음의 열쇠

 벌써 두 번째다. 이렇게 정신이 없다니 말도 안 된다. 엔진도 끄지 않은 채 자동차 문을 잠그다니. 아내의 농처럼 치매가 시작된 것일까. 어이가 없다. 시간은 왜 이렇게 느리게 가는지. 보험회사에 긴급 출동 전화한 게 꽤 오래된 것 같은데 시계를 보니 아직 몇 분 지나지 않았다.
 열쇠는 잠긴 문을 열기 위해 꼭 있어야 할 도구다. 우리 집 거실 벽엔 나무로 만든 열쇠 모양을 한 커다란 열쇠걸이가 있다. 방을 비롯해 거실, 부엌 등 잠금장치가 되어 있는 곳의 열쇠는 모두가 걸려 있다. 처음엔 몇 개 안 되던 것이 세월의 흐름에 따라 그 수효가 늘어 지금은 내가 보아도 참 많다는 느낌이 든다.
 열쇠가 많다는 것은 잠글 곳이 그만큼 많다는 것을 의미한다. 내 보기에는 자물쇠로 잠글 만큼 중요한 것도 없는데 습관적으로 잠그고 있다. 잠그지 않으면 불안하다. 가슴속에 불신의 싹을 틔우고 있다는 생각이 든다. 지난여름 문단속을 철저히 하고 온 식구가 외출했다 돌아오니 현관, 안방, 장롱, 문갑 등 모든 문이 열려 있었다. 믿었던 열쇠에 배신당한 느낌이 들었다.

 열쇠는 여러 가지 모양을 하고 있다. 둥근, 네모난, 마름모, 어떻게 생긴 것이라고 말로 표현하기 어려운 것 등 제각각이다. 작은 자물쇠 구멍에 들어가 어떤 기능을 발휘하는지 알지 못하나, 잠겨 있는 곳으로 들어가거나, 나오려고 할 땐 반드시 이것을 사용해야 한다. 어떤 때는 어느 열쇠가 어디에 맞는 것인지 몰라 헷갈릴 때가 한두 번이 아니다.

 집에 있는 것을 못 가져가게 하려고 채워 놓은 자물쇠를 도둑들은 잘도 여는데 나는 생활에 불편을 느끼고 있다. 마음 편하게 집에 있는 모든 열쇠를 없애고 살고 싶다. 요즈음 나는 의식적으로 외출할 때 문을 잠그지 않는다. 별로 가진 것도 없으면서 그것을 지키겠다고 애를 쓰는 모습이 처량하다는 생각 때문이다.

 사실 우리 집에서 열어야 할 곳은 잠겨 있는 방들이 아니라, 식구들 각자가 가진 마음의 문이다. 젊은 시절 아내의 마음의 문은 쉽게 열렸다. 집안의 작은 일 하나까지도 의논하며 가난한 살림을 꾸려 왔다. 어느 날부터인지 모르나 의견이 서로 맞지 않아 충돌하는 일이 쌓여 가면서 대화가 적어지더니 지금은 그 벽이 제법 높다.

 경제적으로 볼 때 젊은 시절보다 열 배, 스무 배나 나아졌다. 그러나 주위의 사람들과 비교할 때 언제나 상대적으로 부족하고, 못하다는 마음이 아내를 지배하고부터 문은 점점 굳게 잠겨 버렸다. 많은 종류의 열쇠를 가져와 열어 보았으나 번번이 마음의 자물쇠에 맞지를 않아 실패를 거듭하고 있다.

　아이들도 어릴 때는 마음의 문을 쉽게 열었다. 값싼 인형 하나에도 좋아 못 살 듯한 행동을 하고, 빵 한 조각을 먹으면서도 행복해했다. 작은 것에 만족하고 별것 아닌 것에 즐거워할 줄 알더니 머리가 크면서 달라졌다. 웃음이 적어지고, 말수도 줄었다. 매사를 협의나 협력해서 하려고 하지 않고, 알아서 처리한단다. 내 눈에는 아직 어린아이인데 조언을 구하거나 도움을 청하지 않는다. 마음의 문을 단단히 닫아 걸고 있는 듯하다.

　나에게 식구들의 마음의 문을 열 수 있는 열쇠 하나 있었으면 좋겠다. 자물쇠에 따라 열쇠의 모양이 각각 다르듯 식구들 마음의 문을 열 방법 또한 각각 다르다고 생각하는 사이, 출동 기사가 견인차를 타고 왔다. 겁이 났다. 지난번에는 작은 트럭을 타고 와서 문을 열었는데, 이번엔 엔진에 시동을 걸어 놓은 채 문이 잠겨 차를 끌고 가려고 하나 보다.

　키key가 잠긴 차가 어디에 있느냐고 묻는다. 몇 가지의 공구를 손에 들고 있다. 차의 오른편 앞 유리문을 안쪽으로 힘껏 밀더니 작은 나무 쐐기를 박는다. 유리와 문틀의 벌어진 틈으로 끝이 갈퀴처럼 굽은 쇠막대를 넣고 이리저리 돌리기를 반복한다. 잘되지 않는 모양이다. 얼굴에 흐르는 땀을 장갑 낀 손으로 연신 훔친다. 속주머니에서 손전등을 꺼내 비추어 본다. 한참을 더 신간하더니 열쇠를 나에게 준다. 차는 엔진을 멈추고 있다. 무척이나 고마웠다. 신기하다. 열쇠도 없이 잠겨 있는 문을 열 수 있는 능력을 갖춘 기사가 부럽다. 차에 올라 열쇠를 꽂아 본다. 차는 아무런 일이 없었다는 듯 시동이 잘 걸린다.

순간 식구들의 마음의 문을 열 수 있는 열쇠가 없어도 괜찮다는 생각이 든다. 열쇠가 없어도 열 수 있는 능력을 기를 작정이다. 기사가 잠긴 차 문을 열기 위해 여러 가지 도구를 사용하듯, 나도 식구들의 닫힌 마음의 문을 열도록 현명한 지혜를 발휘할 생각이다.

아내의 웃는 얼굴이, 아이들의 즐거워하는 모습이 눈앞을 스쳐 간다. (2004. 12.)

외투의 충고

다랑논

오월의 산야는 어디를 봐도 신록이다. 고추 농사로 유명한 영양군은 산이 높고 물이 맑다. 소설가 이문열의 고향 두들마을에서 시인 조지훈의 고향 주실마을로 가는 길이다. 길 따라 이어지는 논과 밭이 단정하다. 논은 모심기를 위해 논갈이를 해 놓았고, 고추가 심어진 밭에는 바닥이 검은 비닐로 덮여 있다. 가끔 보이는 보리는 이삭이 패 고개를 뻣뻣하게 세웠다.

누군가 중얼거리듯 한마디 한다. 요즈음은 밭농사를 지으려면 비닐을 덮지 않으면 안 된다. 비닐멀칭을 해야 작물의 뿌리도 보호되고 땅 온도를 유지하며, 흙의 건조·병충해·잡초 따위를 막을 수 있다. 비닐멀칭 하지 않으면 지슴(잡초) 때문에 농사를 지을 수 없다. 농촌에도 일을 시킬 때 인건비가 비싸 옛날처럼 호미로 밭에 김을 매지 않는다. 밭으로 변한 천수답까지 비닐을 덮고 있다. 가끔 묵밭이 되어 잡초가 가득한 다랑논이 보인다.

남해 다랑논이 생각난다. 지난가을 문우들과 함께 다녀왔다. 자연에 순응이라도 하듯 꼬불꼬불한 논두렁이 층계의 계단처럼 이어진 논에 노랗게 익은 벼가 고개를 가지런히 숙인다. 멋지게 그린 한 폭의 그림이다. 주변의 푸른 바다가 가을 풍광을 더 아름답게 만든다. 좀 센 바람이 지나갈 때는 벼가 일제히 바람의 반대 방향으로 몸을 숙였다가 제자리로 돌아온다. 미풍이 불 때는 살랑살랑 몸을 흔들며 미소를 짓는다.

어릴 때 고향의 다랑논은 부모님 속을 많이 썩었다. 봄 가뭄이라도 길게 이어지면 가을에 벼 수확을 못 할까 봐 애를 태웠다. 물지게로 물을 져 와 벼에다 뿌렸다. 비가 올 때는 물을 조금이라도 많이 담으려고 물꼬를 높였다가 논둑이 터져 안타까워했으며, 산짐승들이 내려와 농작물을 해코지해 날이 저물도록 지키기도 했다. 하기는 봄과 여름을 잘 견디더라도 가을 소출은 볼품이 없었다. 그래도 그 벼가 식구들이 겨울을 이기는 양식으로 많은 보탬이 되었다.

참 많은 사람이 왔다. 카메라에 저마다 추억을 담느라 분주하다. 다랑논이 제 본래의 기능과는 관계없이 관광 상품으로 인기를 누리고 있다. 논에서 나는 소출보다 몇 배나 많은 수입을 주민에게 준다. 다랑논의 변신이다.

기능의 변화는 시간의 흐름에 따라 달라진다. 영양의 다랑논은 묵밭이 되어 있고, 남해의 다랑논은 관광객의 구경거리로 변했다. 내 삶의 가치도 다랑논 같다. 세월의 흐름에 따라 많은 변화가 있었다. 거기엔 행복하게 웃음 짓던 만족함도, 남몰래 눈물짓던 괴로움도 있다. 사실 시간처럼 정직하고 공평한 것도 없다. 누구에게나 세상에 태어난 출발선에서 주어진 시간은 똑같다. 그러나 어떻게 쓰느냐에 따라 그 가치와 의미는 달라진다. 남은 생이라도 의미 있는 삶이 되도록 세월과 능력을 낭비하지 않고 제 몫을 하며 살아야겠다고 다짐해 본다.

옛날에는 논과 밭을 조금이라도 더 일구려 했다. 심어 놓은 작물의 소출을 높이기 위해 애도 썼다. 지금은 일할 사람이 없어 농사짓기가 거북한 곳은 놀린다. 남해의 다랑논도 주변의 바다를 만나 관광 자원이 되지 않았다면 묵밭이 되지 않았을까.

차창 밖의 다랑논이 감회에 젖게 한다. 초등학교 저학년쯤일 때 어머니는 당신의 엄지손가락보다 약간 굵은 작대기를 주면서 다랑논 논둑에 한 발짝 거리마다 구멍을 뚫게 했다. 그곳에 콩을 두서너 개씩 넣고 재를 한 주먹씩 놓았다. 거리를 한 발짝씩 띄운 것은 콩을 너무 쏘물게(배게) 심어 소출이 적어지는 것을 방지하기 위함이고, 재를 덮는 것은 버러지나 새가 콩 씨앗을 먹지 못하도록 예방하기 위해서다.

어떻게 하든 농사짓는 땅에서 작물을 많이 수확해 가정경제에 도움을 얻으려 다랑논의 논둑까지도 알뜰히 경작했다. 거기에는 고단함이 있었지만, 희망을 저버리지는 않았다. 묵밭이 되어 잡초로 덮여 있는 모습이 보기에 안쓰럽다. 오늘의 경제 논리로는 농사짓지 않고 놀리는 것이 실질적인 이익이 된다는 것을 모르는 바 아니지만 아깝다.

　다랑논은 가난하게 살아온 부모님의 풀빛 같은 삶의 현장이다. 거기에는 논을 갈던 아버지, 모를 심던 어머니, 꼴망태를 메고 논둑을 걷던 이웃집 형의 모습이 일렁인다. 논과 맞닿은 산비탈 구렁에 지천이던 찔레 순도 보인다. 달짝지근하면서도 풋내가 나던 찔레 순 그것도 아까워 조금씩 베어 먹던 어릴 때의 동무들이 그립고 보고 싶다.

　묵밭으로 변한 다랑논에 추억 한 자락 묻히고 있다. 버스는 내 마음을 아는지 모르는지 향수를 차창에 달고 잘도 달린다. (2011. 6.)

어머니와 장미꽃

  서재 컴퓨터 책상 앞에는 의자가 둘 있다. 하나는 내가 컴퓨터를 사용할 때 앉는 의자이고, 다른 하나는 어머니가 앉는 의자이다. 오늘도 어머니는 내 옆 의자에 우두커니 앉아 있다. 가끔 손을 한 번씩 잡아주면 힘없는 웃음을 입가에 띨 뿐 가만히 조심스럽게 앉아 있다. 내가 하는 일을 방해하거나 먼저 말을 걸지도 않는다. 당신의 손을 만지작거리거나 가끔 뒤틀린 세를 바로 잡는 것 외에는 거의 움직이지 않고 나를 지켜보고 있다.
  어머니는 올해 연세가 아흔셋이다. 주민등록증에 기재된 출생 연도가 1912년이다. 일제강점기, 찢어지게 가난한 어린 시절을 보내느라 공부할 기회를 잃어 글자를 읽을 줄도 쓸 줄도 모른다. 내 옆 의자에 앉아 쳐다보고 있어도 내가 컴퓨터에서 무엇을 하는지 전혀 모른다. 그러나 어머니는 거의 움직임이 없이 조용히 나를 지켜보고 있다.
  가끔 내가 어머니 옆에서 책을 읽을 때도 같다. 심심하여 당신 혼자

외투의 충고

꾸벅꾸벅 졸고 있을지라도 나에게 먼저 말을 걸거나 방해를 하지 않는다. 화장실에라도 다녀오려고 움직일 때도 매우 조심스럽게 일어나 조용히 문을 열고 나간다. 손자와 같이 있고 싶어 아이의 방에 들어가려다가도 손자가 책상 앞에 앉아 있으면 가만히 문을 닫고 나온다.

어머니는 오래전부터 가진 신념 같은 것이 있다. 누구든 공부를 하고 있으면 절대로 방해해서는 안 된다는 생각이다. 어릴 때 내가 공부를 한다고 하면 아무리 바쁜 일이 있어도 당신 혼자 동동걸음을 치지 도와 달라고 하지를 않았다. 그래서 일이 하기 싫으면 공부하든, 안 하든 책상 앞에만 있으면 피할 수 있었다.

지금 지명의 나이를 넘긴 아들이 컴퓨터 앞에 앉아 있어도 공부를 하고 있다는 생각에 한 시간이고 두 시간이고 지켜보고 있을 뿐 심심해한다거나 무엇을 하는지 궁금해하지 않는다. 몇 년 전까지는 가끔 글을 읽지 못하는 아쉬움을 긴 한숨과 함께 토하곤 했다. 오늘도 컴퓨터 앞에 앉아 있는 아들 옆에서 평생을 문맹자로 살아온 가슴에 응어리진 한을 삭이고 있는지도 모른다.

오월은 장미의 계절이라 했던가? 담장 밑에 심어 놓은 덩굴장미의 꽃이 헤아릴 수 없을 만큼 피었다. 며칠 전까지만 해도 가지 끝에 몇 개의 꽃송이가 보이기 시작하더니 오늘은 눈부실 만큼 붉은 꽃이 많다. 토요일 오후 한낮의 햇볕을 받는 장미꽃은 연초록의 잎과 어울려 매우 아름답다. 쳐다볼수록 정감을 느낀다.

그렇다. 어머니에게 장미꽃 구경을 시켜야겠다. 어머니는 시골에서 농사를 지으며 살 때 마당 가에 작은 꽃밭을 만들어 놓고 사철 여러 가지 꽃 가꾸기를 게을리하지 않았다. 어쩌다 닭이나 강아지가 들어가 꽃을 망가뜨리면 몹시 아까워하셨다. 여름이면 봉선화 꽃잎을 따다 누이의 손톱에 정성을 다해 붉은 물을 들여 주기도 했다. 누구보다 꽃을 좋아했다.

어머니는 요즈음 누군가의 부축을 받지 않으면 마음대로 뜰을 거닐 수 없다. 조심스럽게 어머니의 손을 잡고 현관을 나섰다. 집 안에서보다는 대문 밖에서 보는 것이 더욱 아름답다. 정말 오랜만에 어머니를 배려한 아들의 마음이다.

"나는 혼자 못 걷는다. 어지럽고 다리에 힘이 없어…."

내 팔을 더욱 힘껏 잡는다.

"어머니 저 장미꽃 좀 보십시오. 얼마나 아름답습니까?"

반응이 별로 없다. 어머니의 마음이 변했나. 그렇게 꽃을 좋아하셨는데 장미꽃을 보고도 기뻐하지 않는다. 컴퓨터 뒤에 앉아 있을 때와 같이 무표정이다. 어머니 귀에 입을 가까이 가져가 저 아름다운 장미꽃을 보라고 소리쳤다.

"흐릿해서 잘 보이지 않는구나."

순간 나는 어머니를 끌어안고 멍하니 터질 듯 부풀어 오른 장미꽃 뒤로 보이는 하늘만 쳐다봤다. 어머니는 눈에 백내장이 와 멀리 떨어져 있는 물체는 그 형체만 볼 뿐 색상이나 세심한 부분은 볼 수 없다는 것을 생각하지 못했다.

　어머니의 가슴에 커다란 상처 하나를 더 얹고 말았다. 얼마나 보고 싶을까? 좀처럼 다정하게 굴지 않는 아들이 당신의 손을 잡고 나와 보라는 장미가 얼마나 아름다울까? 몹시 궁금했을 것이다. 지난해 안과 병원에 갔을 때 담당 의사가 "연세가 많아 어떻게 할 도리가 없습니다. 수술한다고 지금 상태보다 더 좋아진다는 확실한 보장도 없고요." 하던 말이 떠오른다.

　참으로 이기적인 삶을 살고 있다는 생각이 든다. 남도 아닌 어머니의 건강 상태를 잊고 있다니 말도 안 된다. 어머니는 아직 아들이 공부한다면 방해가 될까 싶어 조심조심하는데 나는 어머니를 위한다는 것이 볼 수도 없는 장미꽃이나 구경시켜 주려고 했단 말인가?

　덩굴장미 붉은 꽃이 절정을 이룰 때쯤 나를 더욱 부끄럽게 할 '어버이날'이 기다린다. (2004.)

누이와 어머니

　누이한테서 편지가 왔다. 봉제공장에 다닐 때는 인간 기계란 느낌이었는데 지금은 사람으로 대접받으면 살고 있단다. 동생은 작년부터 노인 요양원에서 일한다. 그곳에서 늙고 병들어 갈 곳 없는 노인들을 돌본다. 자원봉사는 아니다. 월 얼마 정도 실비를 받고 일한다. 일의 양이나 투자하는 시간에 비해 형편없는 보수다.
　삶의 목적도 희망도 잃어버린 채 인생의 황혼을 보내는 노인들을 돌보면서 가끔 이런 생각을 한단다. "모시고 있는 어르신들의 자식이나, 나나 별수가 없는 무심함에 미안하고 죄송할 때가 많다." 삶이란 현실 때문에 가끔 다녀가는 자식들의 모습이 안타깝고, 종일 어른들에게 시달리다 보면 마음과 다른 행동과 말을 하는 자신이 밉단다.
　노인들을 볼 때마다 어머니 생각이 나 그들이 불쌍해 더 잘 돌보고 싶다. 이성과 논리로는 도저히 생각할 수 없는 일이 하루에도 몇 차례씩 일어나고, 철없는 어린아이보다 못한 행동으로 힘들게 할 때마다 어머니가 힘이 되고 있단다.

　세월이 빨리 흐른다. 올해도 벌써 반이 지나가고 있다. 어머니가 치매로 입원한 지 일 년이 되었다. 병원을 찾을 때마다 죄인이 된다. 어머니가 기분 좋아 보이면 집에서 모시고 싶은 생각이 간절하다. 뜻대로 되지 않는다. 그 이유를 찾지 못해 고민이다.

　어떤 땐 내가 참 무능한 것 같기도 하고, 어머니에 대한 사랑이 식었다는 생각이 들기도 한다. 한편으로는 집에서 병구완하는 것이 병원에 모시기보다 마음의 갈등이 심할까 두렵다. 내 잣대로는 가늠하기가 쉽지 않다. 욕심을 내 잘 모신다는 것이 더 불편하게 할까 망설이는 사이에도 세월은 아무 일 없다는 듯 흘러가고 있다.

　어제는 어머니의 기분이 좋아 보였다. 귀에 대고 누님이 다녀간 것을 아느냐고 물었다. "나는 몰라." 하며 멋쩍게 웃는다. 며칠 전 누님이 다녀갔다. 누님이 어머니의 손을 잡고 나를 아느냐고 물으니 입을 벌리고 먹는 것을 달라는 시늉만 할 뿐 알아보지 못한다며 서운해했다. 정말 아기처럼 행동한다. 좋으면 혼자 웃고 마음에 차지 않으면 천장만 쳐다본다.

　들판에 농부들이 모심기하는데 모심으러 가자고 했더니 "나는 힘이 없어 그런 것 못 해." 한다. 오랜만에 들어보는 의사 표현이다. 어머니는 들일을 참 많이 했다. 모내기 철이 되면 몹시 바빴다. 지금처럼 이앙기가 모를 심는 것이 아니라 무논에 사람들이 일렬로 서서 심었다. 못

줄을 쳐 놓고 줄에 표시해 둔 눈금에 맞추어 뒷걸음을 치며 모를 꽂았다.

농사일이란 몹시 바쁘고 힘들다. 씨앗을 제때 뿌리고 수확도 때맞춰야 한다. 김매기도, 물주기도 그렇다. 적기를 놓치면 소출에 지장을 받는다. 특히 모내기는 더욱 중요하다. 벼농사는 농가 소득의 주 품목이다. 때를 놓쳐서는 농사꾼이라 할 수 없다. 모내기할 때 동동걸음을 치며 바삐 쫓아다니던 어머니의 모습이 눈에 선하다.

좀처럼 묻는 말에 대답하는 법이 없다. 말귀를 못 알아듣는지 말하는 것이 귀찮은지 분별하기가 쉽지 않았다. "나는 힘이 없어 그런 것 못해." 기운 없는 목소리로 들릴 듯 말 듯 한 대답을 듣는 순간 참 기뻤다. 병문안을 오는 사람마다 아무것도 모른다는 말이 서운하게 들리었다. 그들이 그런 말을 할 때마다 나는 속으로 그렇지 않다고 수도 없이 부정했다.

"나는 편찮은 어르신들 덕분에 잘살고 있다."는 동생의 말을 듣고 그까짓 생활비도 안 되는 돈 몇 푼 받고 있으면서 별소리 다 한다고 했었다. 하는 일이 표 나는 것이 아니지만 늘 시간에 쫓기고 분주해 세월의 흐름을 잊고 산다고 했을 때, 하는 일을 다른 것으로 바꾸어 보라고 했다. 그래도 지금 하는 일이 사람으로 대접받는 느낌이란다. 내가 입원해 있는 '어머니'만 생각하고 있는 동안 동생은 멀리서 '사람을 사랑하는 법'을 깨달았나 보다.

외투의 충고

학교나 지역사회에서 오는 봉사자들과 대화를 나누다 보면 전에 봉제공장에 다닐 때와는 비교되지 않게 사람다운 생활을 하고 있음을 느낀단다. 어머니의 힘은 크다. 병상에서 아무것도 모른다는 말을 듣고 있으면서도 동생에게 참다운 삶의 가치를 일깨워주고 있다. 병상의 어머니가 자랑스럽다. (2006. 6. 18.)

어머니의 향기

어제 비가 내린 탓인지 오늘 아침 날씨가 참 상쾌하다. 금방이라도 즐거운 일이 생길 것 같은 기분이다. 여느 때처럼 출근하기 위해 집을 나선다. 늘 다니던 길을 익숙하게 걷고 있다. 몇몇 낯익은 사람들을 만나 인사를 나눈다. 모두 정겨운 얼굴이다. 눈에 익은 거리 풍경도 깨끗해 보인다. 활기찬 하루가 시작되고 있다.

공원 옆을 걷는다. 개나리가 노랗게 피어 있다. 눈이 부시다. 무척 아름답다. 직장을 오가며 수없이 본 나무다. 이 나무가 이처럼 예쁜 꽃을 선사하는 개나리란 것을 평소에는 거의 깨닫지 못했다. 가끔 길을 걷다 처진 가지가 얼굴을 스치기라도 하면 기분이 별로 좋지 않아 인상을 썼던 기억이 난다.

개나리의 샛노란 색깔에 매혹되어 어린 시절이 떠오른다. 나는 농촌에서 자랐다. 봄이면 연노랑 병아리들이 어미 닭을 따라다니며 먹이를 얻어먹겠다고 노란 입을 짝짝 벌리던 모습이 눈에 선하다. 볕이 따뜻

외투의 충고

한 흙 담장 밑이나 싸리나무 울타리 아래에서 고개를 쉼 없이 좌우로 두리번거리며 먹이를 찾아 병아리들의 입에 넣어 주던 어미 닭의 헌신적인 사랑을 지켜보면서 들일 가신 어머니를 기다리던 그때가 행복했다는 생각이 든다.

아침 햇살을 받는 개나리는 노란 물감을 덮어쓰고 있는 듯하다. 줄기를 따라 점점이 이어진 꽃들이 다음 해에는 다시 피우지 않을 작정인 양 경연을 펼치고 있다. 뿌리 쪽에는 지난해에 떨어진 잎들이 썩어 거름이 되고 있다. 마당 가 거름더미에서 무엇인가를 정신없이 찾아 먹는 노란 병아리를 잡으려다 어미 닭에게 쪼여 혼이 난 기억도 아름답게 다가온다.

지난해 오월 어느 날 집 앞 골목길을 나올 때 '화-'한 향기가 진동했다. 어디서 나는 향기인지 두리번두리번 살피다가 이웃집에 라일락 나무가 있음을 알았다. 꾸불꾸불한 가지가 시커먼 매연에 찌든 모습으로 담을 넘어 골목길로 고개를 내밀고 있던 그 볼품없던 나무다. 골목길을 가득 메운 라일락 향이 유년 시절의 친구를 떠오르게 한다.

초등학교 시절이다. 이웃에 나이가 같은 친구가 있었다. 우리는 다정하게 지냈고, 먹을 것이 생기면 언제나 나누어 먹곤 했다. 경제적으로 우리 집이 좀 더 여유가 있었기 때문에 주로 내가 여러 가지 먹거리를 주는 편이었다. 그런데 그 친구가 내게 주는 유일한 것이 하나 있었다. 박하사탕이다. 속에 구멍이 송송 난 네모난 모양의 하얀 사탕이다.

혀끝을 자극하는 '화~'한 냄새가 마치 라일락 향기 같았다.

 장년이 되어 현실이라는 삶의 현장에서 바쁘게 뛰어다니느라 유년 시절을 안주 삼아 술 한 잔 다정하게 나누지 못했다. 천년만년 살 수 있을 것처럼 만남을 하루 이틀 미루기만 했다. 그러던 어느 날 친구의 부음을 받고 넋 나간 사람 모양 멍하니 푸른 하늘만 바라보았다. 라일락 향기는 그 친구를 더욱 그립게 했다. 그러나 향기가 사라지면 친구에 대한 추억도 내 의식의 저편으로 숨어버리고, 나무를 보고도 라일락인 줄 모르고 지냈다.

 개나리 옆을 그렇게 많이 오갔으면서도 봄이 되면 나에게 기쁨과 아름다움을 선물할 것이란 생각은 하지 못하고, 다니는 데 조금만 불편을 주어도 얼마나 못마땅하게 생각했던가. 이웃집의 담 위에 향기로 유년의 추억을 떠오르게 할 라일락이 연보라 꽃을 피우기 위해 새싹을 내밀고 있다. 지난봄 이래 한 번도 관심을 가진 적이 없는 라일락이다.

 참으로 이기적인 삶을 살고 있다는 생각이 든다. 개나리나 라일락처럼 기쁨과 즐거움을 주는 것들에게 고맙다는 표현 한 번 못 하고 팍팍한 삶을 살고 있다. 주위에서 기쁨과 즐거움을 주는 사람들에게 다정하게 인사도 하지 못하고 무심히 지낸다. 개나리꽃이 눈웃음을 치며 나에게 다가오고 있다. 두 팔 크게 벌리고 껴안아 본다. 나의 이런 속된 마음에 아무런 불평이나 불만도 없이 해마다 꽃과 향기를 풍기는 개나리와 라일락에서 은자隱者의 모습을 발견한다.

아흔넷의 삶을 힘겨워하며 무표정한 얼굴로 빈방에 혼자 우두커니 앉아 있는 어머니가 생각난다. 나이 들어 혼자서는 당신의 몸마저 주체하기 힘들게 되자 아무도 반겨 주지 않는다. 이방인 같은 생을 영위하고 있는 어머니의 모습이 낯설게 보일 때도 있다. 좀 더 잘 모셔야 하는데 마음대로 되지 않는 현실이 미울 때도 있다. 다른 사람 보기엔 불쌍하게 보일지라도 당신의 마음만은 편안하셨으면 한다.

개나리의 노란 꽃보다 더 아름다운 모습으로, 라일락 향기보다 더 향기로운 향을 풍기며 살아오신 어머니다. 살아온 과정은 무시당한 채 꽃을 피우지 못한다고, 향기를 내지 못한다고 피붙이들에게까지 관심 밖으로 밀려나고 있는 것 같다. 아침 햇살을 받아 눈부시게 빛나는 노란 개나리꽃 속에서 어머니의 웃고 계신 모습이 오버랩된다. 그래도 다행스러운 것은 요즈음 어머니 기분이 참으로 좋아 보인다.

바람에 연보라 꽃줄기를 한들거리며 향기를 풍기기 전까지 관심 가져주지 않았던 라일락의 꽃말이 왜 첫사랑인지 알 듯하다. (2005. 4.)

세 살 어머니

"내 아들 이름이 전상준이라. 핵교 선생 하는 기라. 내가 왜 이렇게 됐는지…."

"어매는 내가 상준이 아입니껴. 나도 못 알아봅니껴."

"그래 누구 우리 집에 좀 데려다 도고."

"어머니 내가 있는데 무슨 걱정을 합니까? 내가 여기 있는데…."

"내가 미쳤지, 집도 모르면서 왜 이카는지 몰라…."

어머니를 모시고 있다는 전화를 받고 급히 집 앞 골목 입구로 달려갔다. 후덕하게 생긴 건장한 젊은이가 힘이 없어 금방이라도 쓰러질 것만 같은 어머니의 팔을 잡고 있다. 참으로 고맙다. 불효의 죄인이 되어 어머니를 부축하여 집으로 온다.

어머니 정신이 전과 같지 않다. 종종 마을을 나가서는 집을 찾아오지 못하고, 지팡이에 몸을 의지한 채 이 골목 저 골목을 헤맨다. 운 좋게도 오늘처럼 마음씨 좋은 사람을 일찍 만나게 되면 쉽게 모셔 올 수 있다. 그렇지 못해 몇 시간씩 거리를 헤매는 경우도 잦다. 동네 사람들은 노인 모시느라 고생이 많다고 한다. 그러나 나는 참으로 부끄럽고 죄스러운 세월을 보내고 있다.

  오늘은 괜히 눈물이 난다. 집을 못 찾아 거리를 헤매는 어머니를 모셔 오는 일에 이골이 났건만 참으로 슬프다. 상비 휴대품인 양 빈 가방(집 안에서 움직일 때도 갖고 다님) 하나 들고 지팡이에 몸을 맡기고 엎어지며 자빠지며 거리를 헤매다가도 내가 나타나면 땀으로 얼룩진 얼굴에 보일 듯 말 듯 한 미소를 지으며 손을 잡고 잘 따라오셨다. 오늘은 손을 잡고도 나를 알아보지 못하고 엉뚱한 말씀을 한다.

  몇 달 전이다. 파출소에서 어머니를 모셔 가라는 연락을 받고 갔다. 경찰 아저씨가 화를 낸다. 왜 할머니 몸에 연락할 곳을 붙여 놓지 않았느냐고 한다. 사실은 연락할 주소와 전화번호를 적어 놓은 이름표를 가방에도 붙여 놓고 주머니에도 넣어 두었다. 그러나 그날은 아무것도 없었다. 경찰 아저씨가 어머니 입에서 "내 아들 핵교 선생 아이가, 이름은 상준이라." 하는 말을 알아듣기까지는 상당한 노력을 한 모양이다. 그리고 벌써 어머니 지팡이에 우리 집 전화번호를 적어 놓고 유리 테이프로 붙여 놓았다.

  어머니의 지팡이에는 언제나 선명하게 우리 집 전화번호가 붙어 있다. 파출소 사건이 있고 난 후 나는 지팡이에 전화번호가 잘 있는지 거의 매일 확인하는 버릇이 생겼다. 들고 다니는 가방에도, 옷 주머니에도, 목걸이형 명찰도 활용해 보았으나 지팡이에 붙여 놓은 연락처에 가장 효과를 보고 있다. 나이가 들면 아기가 된다는 말은 많이 들어왔으나 내 어머니가 그렇게 되리라고는 상상도 하지 못했다.

남들은 어머니를 보고 치매가 심하다고 한다. 그러나 내가 보기에는 치매가 아니다. 어머니가 치매를 앓고 있다는 것은 말도 되지 않는 소리다. 어머니는 아기가 되어 가고 있을 뿐이다. 세 살쯤 된 아기다. 걸음이 어둔하여 혼자 걷다가 넘어지고, 매사 마음대로 되지 않으면 떼 쓰고, 눈에 보이는 물건에 대한 욕심을 내기 시작하는 나이다. 무엇이나 갖고 싶어 하고 무엇이나 먹고 싶어 하는 어린아이다. 보이는 대로 장롱 서랍에 갖다 넣는다. 먹는 것에 대한 애착은 본능적이라 할 만큼 대단하다.

음식은 나누어 먹어야 정이 나고, 정은 나눌수록 복 받는다는 당신의 생활 철학은 어디에 버리고 무엇이든지 챙기려고만 한다. 그러나 시간이 조금만 지나면 어디에 무엇을 두었는지 까맣게 모른다. 시골에 살 때 이웃과 음식 잘 나누어 먹고, 당신보다 못한 사람 보면 도와주려고 애쓰시던 너그럽고 여유 있던 마음은 찾을 수가 없다. 잡은 손에서 어머니의 가벼워진 마음의 무게를 느낀다. 어머니의 지금 마음은 아기 마음이다. 천진무구한 아이처럼 사리를 분별할 줄 모른다. 아기의 마음은 천사의 마음이다. 몰라 저지른 잘못은 용서받을 수 있다.

외투의 충고

날씨가 참 좋다. 하늘이 맑고 깨끗하다. 몇 년 전만 해도 고추잠자리 무심히 날아다니고 하늘이 점점 높아지면 어머니는 겨울 걱정을 했다. 오늘처럼 볕이 따뜻하면 알곡이나 옷가지 등을 말렸다. 아내에게 "일 년 먹을 양식은 가을에 잘 챙겨 두어야 한다."고 하시며 걱정했다. 그럴 때마다 아내로부터 깨는 어디에서 얼마를 사 두었고, 콩은 몇 되를 사 두었으며, 고추는 몇 근을 사두었고, 쌀은 몇 가마니를 사두었다는 말을 몇 차례나 반복해 듣고서야 안심하시던 당신이다. 올해는 가을이 깊어 가도 겨울 걱정을 하지 않는다.

　늦은 퇴근으로 어머니가 잠든 방을 들여다본다. 곤히 주무시는 모습을 보고 있노라면 내 어릴 때 생각들이 주마등처럼 흘러간다. 외아들 하나 곱게 키워 보겠다고 나에게 쏟은 정성이 얼마였던가? 어쩌다 이불이라도 바로 덮어 주기 위해 가까이 가면 살며시 눈을 뜨고는 손을 잡는다. 그리고 정말 온전한 정신이 되어 고맙단다. 입을 귀 가까이 가져가 "엄마가 나를 키워주었으니 이제는 내가 엄마를 돌보아야 안 됩니까?" 하면 어머니는 눈물을 떨어뜨린다. 마음이 많이 약해졌다.

　거리는 얼마 되지 않으나 집 앞까지 오도록 내가 누구인지 몰라본다. 가슴이 아프다. 아기가 되어 예상치 못한 저지레를 해도 좋다. 집을 나가 숨이 차도록 찾아다녀도 좋다. "어머니 오래 사십시오. 남보다 잘 모시지는 못해도 내 힘닿는 데까지 정성을 다해 봉양하겠습니다. 정신을 가다듬어 저를 보고도 못 알아보는 일이 없도록 하십시오. 그렇게도 사랑하던 외아들 상준이가 아닙니까."

 오늘 밤에는 어머니 다리를 좀 주물러야겠다. 아기로 변해 가는 어머니의 마음에 행복을 가득 느끼게 해 드리고 싶다. 나를 쳐다보고 의미 없는 웃음을 한 번 웃는다. 그래도 웃고 있는 어머니의 모습이 보기 좋다. (2003. 10.)

쑥국

 아내가 아침상에 봄 향기를 올렸다. 어제 경남 고성 거류산으로 산행을 다녀왔다. 산악인 '엄홍길 전시관' 주위를 산책하고 있는데 바람에 나풀거리는 파란 쑥이 많아 한 줌 뜯어 왔다나. 봄이 익어 가고 있음이 실감 난다. 겨우내 자주 먹던 미역국과는 냄새가 다르다. 입으로 먹기 전에 코가 먼저 말한다. 싸한 쑥 향이 밥 먹는 자세를 바로잡게 한다.
 숟가락 가득 국물부터 먹었다. 혀끝에 묻어나는 쑥 냄새가 봄이다. 쑥 냄새가 아니라도 봄을 알리는 전령사는 많다. 봄나물로는 냉이·머위·달래·돌나물·방풍·미나리 등도 있다. 꽃으로는 나무에서 쉽게 볼 수 있는 매화, 개나리, 진달래의 꽃이 있다. 하기야 먼 산의 아지랑이가 봄의 손짓은 먼저 했다. 달포 전에 비닐하우스에서 재배한 미나리를 먹으려 경산까지 갔었다. 그땐 미나리에서 봄의 향기에 취할 여가도 없이 함께 나온 돼지 삼겹살 냄새에 코를 벌렁거려야 했다. 미나리를 먹으면서도 봄이 왔다는 것을 느끼지 못했다.

마주 앉아 쑥국을 맛있게 먹고 있는 아내가 천연히 말한다. 쑥국은 먼저 쑥을 다듬어 물에 씻어 물기가 빠진 후 콩가루에 버무려 놓는다. 평소 국을 만들기 위해 다시마·멸치·마른 새우·표고버섯·무·파·양파 등을 넣어 달인 물에 된장을 풀고 끓인다. 그 물이 팔팔 끓을 때 콩가루에 버무린 쑥을 넣고 조금 더 끓이면 쑥국이 된다. 아내의 쑥국 만드는 이야기를 들으니 어릴 때 어머니가 만들어 준 쑥털털이가 생각난다.

쑥은 구황 음식이다. 내가 초등학교 고학년 때다. 이른 봄 들판에 쑥이 새순을 내밀기 시작할 때쯤 우리 집에는 먹을 것이 귀했다. 지난가을에 타작해 두었던 벼는 겨울을 지나면서 다 먹었고, 보리가 나기에는 아직 한참을 더 기다려야만 했다. 보릿고개다. 식구들이 허리띠를 졸라매고 하루하루를 버티어야 할 때 쑥은 반가운 먹거리다. 밭둑이나 개울둑, 보리밭이나 채전 가에 냉이와 쑥이 햇볕 바라기를 하며 살며시 웃는다. 하지만 냉이는 한 끼 식량으로는 쑥만 못하다. 쑥을 가루에 버무려 찐 것으로 '쑥버무리'가 있다. 우리 시골에서는 '쑥털털이'라 했다. 그것이 그렇게 반가울 수 없었다.

쑥국을 먹고 있으니 선비先妣와 선친先親이 생각난다. 어머니 돌아가신 지 7년째고 아버지는 40년도 더 지났다. 쑥과 익모초는 많이 닮았다. 익모초를 육모초라 부르기도 했다. 어릴 때는 쑥과 익모초를 구별 못 했다. 그때 내가 본 쑥이나 익모초는 어린 것이 아니라 좀 자란 상태다. 해마다 더위가 시작되면 나는 음식을 먹지 못했다. 태생적으로 몸이 약하기도 했지만, 소화가 되지 않아 음식은 보기도 싫었다. 그때마다 어머니는 사발에 짙은 초록색 물을 가져와 마시라 했다. 보기만 해도 질렸다. 울기도 하고 도망도 다니고 했으나 어머니의 집요함은 이길 수 없었다. 쓰기가 씀바귀를 씹은 맛 같고 속이 매스꺼웠다. 외아들인 내가 음식을 먹지 않으니 어머니는 걱정이 되어 익모초 물을 먹이려 했고 나는 쑥물이 먹기 싫다고 악을 쓴 일이 새삼 생각난다. 뒤에 안 일이지만 여름 더위에 입맛이 없을 때 익모초를 먹으면 입맛을 돌리는 데 효과가 있다고 했다.

아버지는 소를 무척 사랑했다. 어릴 때 농촌에서 소는 그 집의 살림 밑천이라고 하는 말을 들었으나 당신의 소 사랑은 별났다. 동네 사람들이 우리 집에 오는 소는 재수가 좋은 소라 했다. 아침 눈을 뜨면 외양간의 소부터 찾았다. 별채 외양간 앞 쇠죽간에 있는 가마에 작두로 썰어 놓은 쇠여물을 한 솥 가득 넣고 부엌 앞에 앉아 불을 지펴 쇠죽을 끓였다. 가끔가다가 쇠여물만 넣은 것이 아니라 콩이나 보리 싸라기를 넣어 쑤기도 했다. 소는 아버지께서 극진히 돌보는 정성에 보답이라도 하듯 몸에 살이 올라 탱글탱글했고 털은 윤이 나 반질반질했다.

우리 집은 제법 광작을 했다. 지금과는 달리 소가 농사를 짓는 데 절대적인 역할을 했다. 이른 봄 논·밭갈이부터 가을걷이 때 밭곡식이나 벼를 집으로 들이는 일까지 소가 아니면 치러 낼 수 없었다. 가끔 늦은 봄 무논갈이로 소가 지쳐서 쇠죽을 먹지 않을 때 아버지께서는 몹시 당황했다. 그때마다 익모초를 갈아 짠 초록색 물을 병에 넣어 소에게 먹인다. 소도 나처럼 그 물을 먹지 않겠다고 발버둥 쳤으나 소머리를 외양간 기둥 높이 매어 놓고 입에 들이부었다. 하루 정도 지나면 내가 익모초 물을 먹고 입맛을 찾듯이 소도 쇠죽을 잘 먹었다. 그때 난 익모초 물을 쑥물로 알고 있었다.

  아내의 배려로 우연히 먹게 된 쑥국 덕분에 잠시 봄 향기에 취했다. 쑥버무리와 익모초 물을 먹던 어린 시절의 추억이 어머니와 아버지를 만나게 했다. 세상일이란 거창하고 화려한 것만 뜻이 있는 것이 아니다. 소박한 쑥국 한 그릇을 먹으면서도 아름다운 추억 여행을 한다. 이런 여행은 참 행복하다. 쑥국이 오랫동안 꿈속에서도 뵙지 못한 선비와 선친을 모셔와 만나게 해 줬다. 입속에는 쑥국의 향기가 아직 싸하다. (2019.)

외투의 충고

　내가 가진 절반 이상이 내 것이 아니다. 형식적으로는 내가 소유하고 있어도 실제로 사용하려면 마음대로 되지 않는다. 요즈음 먹는 것도 입는 것도 텔레비전 채널을 선택하는 것도 마음대로 안 된다. 내 삶까지도 다른 사람과의 관계 속에서 만들어진다. 타인과의 관계 속에서 삶이 변해 가며, 삶의 가치나 아름다움까지도 이루어진다.
　퇴직 후 집 안에서 생활이 길어질수록 의지대로 되는 것이 드물다. 먹는 것은 내 입맛과는 상관없이 텔레비전이나 책 속에 나오는 소위 몸에 좋다는 것이어야 한다. 물 한 모금 마시는 것도 정수기에서 나오는 것이나 아니면 생수란 이름을 달고 있는 플라스틱plastic병에 든 것이어야 한다. 입는 옷도 내 체형과 기호와는 달리 유행하는 디자인이나 유명 상표를 달아야 한다. 어릴 때 어머니가 만들어 준 바지나 윗도리처럼 편안한 옷은 입을 수 없다.
　아침저녁 한기를 느끼기 시작하는 초겨울이다. 추위를 대비하기 위해 외투를 사러 갔다. 아내가 집에 있는 것은 낡았으니 한겨울이 오기 전에 준비하잔다. 나는 올겨울에 외투를 장만해야겠다고 생각한 일이 없다. 아내의 강요로 옷가게에 갔다. 옷은 내가 입어야 하는데 아내는 자기 마음에 드는 것을 골라와 자꾸 입어보란다. 귀찮기는 했으나 나를 위한 배려라 생각하며 이것저것 옷을 입었다 벗었다 했다. 매장에는 좋은 외투가 많고 디자인도 다양했다.

아내 마음에 들고 점원이 좋다고 추천하는 옷을 샀다. 집에 와서 아내가 다시 입어보란다. 좋다고, 잘 어울린다고 해 사 오기는 했으나 정말 내게 어울리는지 궁금했다. 옷을 입었다. 모습이 어딘지 어색하다. 몸에 큰 것 같기도 하고 나이에 맞지 않은 차림 같기도 하다. 잘못 산 것이 아닐까. 사람들이 옷 입은 모습을 보고 흉이나 보지 않을까. 너무 젊어 보인다고 하지 않을까. 지난해부터 입던 옷이 더 좋은 것처럼 느껴진다.

헌 옷을 찾았다. 다림질이 되지 않아 구김이 많기는 해도 편안하다. '구관이 명관'이란 말이 옷에도 적용되는 것 같다. 헌 옷을 입고 팔을 돌려보고 허리도 굽혀 본다. 참 편하다. 이렇게 편하고 좋은 외투를 두고 왜 새 옷을 사 고민하는지 모르겠다. 아내가 보기 싫다면서 벗으라 한다. 한참을 더 입고 있다가 벗었다. 새로 산 옷을 다시 입었다. 아무래도 어색하다. 가만히 생각하니 옷을 사는 데 내 의견은 거의 반영이 되지 않았다. 아내와 점원이 하는 말에 긍정도 부정도 아닌 웃음만 짓

외투의 충고

고 있었다.

옷장 속의 외투를 본다. 아직은 추위가 오지 않아 입고 나들이를 할 일이 없다. 손님 모시듯 정중하게 옷걸이에 걸어두었다. 괜히 추위가 다가올까 걱정이다. 하지 않아도 될 걱정을 미리 하고 있다. 옷 하나 입는 것까지 마음대로 못 하고 아내 눈치를 보고 다른 사람들의 시선을 의식해야 하나. 내 중심의 삶은 어디로 갔을까. 이러다 남을 위한 삶만 살다가 죽는 것은 아닐까.

외투가 나를 보고 웃고 있는 듯하다. 앞쪽은 보랏빛을 띤 다색이며 뒤쪽은 검은색이다. 속에는 무슨 짐승의 것인지는 모르나 털이 들어 가볍다. 손에 닿는 느낌도 따뜻하다. 주머니가 깊숙해 손을 넣으면 보온이 충분히 될 수 있겠다. 물건이 흐르지 않게 지퍼도 있다. 목 뒤에는 찬 바람을 막아줄 모자까지 달렸다. 외투가 겨울 추위를 이길 여러 조건을 모두 갖추고 있다면 다가오지 않은 시간을 미리 고민하지 마라. 자신을 선택한 것이 잘 못되어 후회할지라도 추위가 왔을 때 입어보고 하란다.

그렇다. 추위도 오지 않았는데 걱정이 많았다. 외투도 추위가 와 입고 나들이할 때까지 잘 샀다 못 샀다 할 일이 아니다. 살 때 내 의견이 많이 반영되었건 적게 되었건 불평할 것 없다. 디자인에 대한 다른 사람들의 평도 너무 신경 쓸 일이 아니다. 아내와 나 외에는 아무도 내가 새 외투 입은 것을 본 사람이 없지 않은가.

해 보지 않은 일에 대한 성공 여부나 다가오지 않은 시간에 대해 걱정은 하지 말자. 내 미래의 즐거운 삶을 가로막는 쓸데없는 일일 수도 있다. 나는 추위가 올 때까지 새로 산 외투를 입어보지 않을 작정이다. 외투의 가격이 싼지 비싼지도 생각하지 않을 것이다. 방한이 잘 될지 안 될지도 평가하지 않을 테다. 날씨가 추워져 새 외투가 "나를 입고 바깥나들이 하세요." 할 때 입고 다녀본 후 그 가치를 종합적으로 따져 봐야겠다.

나는 지금 자신의 성찰, 관리, 계발에 대해 근원적 질문을 하지 못하고 있는 것이 아닌지 모르겠다. 아름다움이 진정한 아름다움이 되기 위해서는 지저분하고 더러운 것과 겨루기나 싸움이 있어야 하듯 나에 대한 성찰, 관리, 계발을 위해 좀 더 삶에 적극성을 보여야겠다. 내가 입는 옷 하나 고르는 것도 제대로 못 하고 있었다니 삶의 폭이 참 좁고 무성의하다. 안타깝다. 겨울 외투의 선택에 웃음으로 마음을 위장할 일이 아니다. 지금껏 작은 것 보잘것없는 것으로 생각한 옷 고르기에도 적극성을 가져야겠다. 그래서 내가 할 수 있는 작은 선택에 숨어 있는 행복을 찾아야겠다. (2018.)

외투의 충고

코치를 잘해야

아내의 목소리에 부러움이 가득하다. 지난 일요일 저녁이다. 낮에 모임을 갔다 온 뒤 표정이 들떠있다. "○○엄마 있잖아. 등산복 한 벌 쫙 빼입고 왔더라. 그것도 메이커로." 자기는 한 번도 메이커 등산복 입은 일이 없었던 것처럼 진지하다. "산에서 모임 한 것도 아닌데 웬 등산복을…" 하며 대수롭지 않게 넘겼다.

잠자리 들기 전 다시 등산복 운운하며 낮에 한 이야기를 뒤풀이한다. 당신도 부러우면 한 벌 사 입으라는 대답에는 관심도 없이, "우리 아이들도 어버이날 선물 줄까?" 하며 엉뚱한 이야기다. 그 등산복이 오십만 원짜리도 더 된단다. 그러면서 △△엄마는 딸이 현금을 오십만 원 주려고 하더란다. "아직 받은 것이 아니잖아." 하니, "준다고 했으니 안 주겠나." 하며 은근히 자기도 그런 행운이 오기를 기다리는 눈치다.

오월은 '가정의 달'이고 '어린이날', '어버이날' 등 기념일이 많아 젊은 이들이 부담을 많이 느낀다고 신문에 본 이야기를 했다. 그래도 짝을 찾은 놈은 몰라도 결혼하지 않은 아이들은 뭘 좀 주겠지 하며 눈을 반짝인다. 선물 받을 만큼 정성을 다해 키웠느냐는 물음에 대답이 없다. 한참을 생각하더니 다시 조급증을 낸다. 나보고 슬쩍 귀띔해 놓아야 한단다.

아내는 지난해 여름 '심근경색' 시술을 받았다. 병의 징후를 느끼면 바로 병원을 찾아야 한다. 도시에 산 덕에 큰 힘 들이지 않고 치료했다. 지금은 생활에 큰 불편을 느끼지 않고 지낸다. 전과 다른 점은 별것 아닌 일에 과민반응을 자주 보인다. 가정사로 다투기라도 하면 "내가 언제 죽을지 모르는데…." 운운하며 겁을 준다. 시술 후 마음이 많이 약해졌다. '어버이날' 선물 타령도 예년에는 하지 않았다.

갑자기 가슴이 답답하다. 삼 남매 중 결혼을 한 아이는 막내다. 위로 둘은 결혼 적령기를 넘겨 '노' 자가 붙어 있다. 짝을 맺어 주지 못한 것까지 부모가 걱정하고 책임질 일인가. 다른 집 아이들은 나이가 차니 잘도 짝을 데려오는데 우리 집 아이는 어떻게 노총각, 노처녀가 되어 나를 안타깝게 하는지 모르겠다. 능력이 없어 캥거루족이 되어 있는 것도 아니고, 적당한 직장에서 제 밥벌이하고 있으면서도 싱글로 남아 있다. 녀석들은 어떻게 생각하고 있는지 모르겠으나, 부모인 내 능력이 의심되기도 한다.

짝도 맺어 주지 못한 처지에 '어버이날'이라고 선물을 준대도 받기가 거북스러운데 어떻게 먼저 달라고 할 수 있겠나. 마침 아들은 멀리 떨어져 있으니 얼굴 맞댈 일이 없어 편안하나 딸아이는 같이 산다. 새로운 고민 하나 안고 아이의 눈치를 살핀다. 제일 좋은 방법은 말하지 않아도 알아서 제 어미에게 선물이든 현금이든 주면 다행인데 그냥 지나간다면 실망스러워하는 모습을 지켜보는 것도 예사가 아닐 것 같다.

아직 귀띔도 하지 않았는데 내일이 '어버이날'이다. 아내가 내게 닦달한다. 거짓말할 수밖에. "아마 당신이 기대하는 이상의 행운을 얻을 수도 있다." 했다. 은근히 좋아하는 모습이 어린아이 같다. 찜찜한 내 마음을 아는지 모르는지 종일 기분이 좋다. 시간이 좀 천천히 가면 좋으련만 어제나 오늘이나 똑같이 흐른다. 딸아이의 퇴근이 늦다. 다행이다. 아내는 '되다'면서 일찍 잠자리에 들었다.

자정이 되어서야 피곤한 몸을 이끌고 딸아이가 왔다. 손부터 쳐다본다. 아무것도 없다. 가슴이 허전하다. 이 일을 어떻게 지혜롭게 넘길까. 걱정이다. 아내의 표정이 여러 가지로 떠오른다. 어떻게 변명해서 달랠까. 대학에 '수신제가修身齊家 치국평천하治國平天下'라 하지 않는가. 내 몸과 마음을 바르게 한 후에 할 일이 가정을 다스리는 일이다. 가정이 편해야 천하가 평화로운 법이다. 공연히 아이의 방 앞을 서성거린다.

대책 없는 시간이 빠르게 흐르고 있다. 그때 아이가 방에서 나오며 하얀 봉투 하나를 준다. "내일 '어버이날'인데 엄마하고 의논해서 쓰세요." 다행이다. 액수의 많고 적음이 문제 될 게 없다. 아내에게 거짓말한 것은 면할 수 있다. 봉투를 통째 아내의 머리맡에 놓고 편안한 마음으로 잠자리에 들었다.

아침 아내는 봉투만 챙긴 채 아무 말이 없다. 아침밥을 먹은 후 어딘가 바삐 다녀오더니 기분이 좋다. 서울 있는 맏이와 막내한테서 온 선물이 통장에 입금됐단다. 끝내 얼마가 왔는지 액수는 말하지 않는다. "요즈음 아이들은 아무것도 몰라요. 당신이 미리 코치를 잘한 덕이에요." 하며 고맙단다.

내 생각은 다르다. 스스로 알아서 '어버이날'을 챙겨 내 입장을 난처하지 않게 한 것은 아내가 아이들을 키울 때 교육을 잘했기 때문이다. 나는 아이들에게 귀띔한 일이 없다. 이심전심以心傳心이랄까. 위기는 끝났다. 아내는 종일 돈 쓸 방법을 연구하더니 내 몫까지 꿀꺽했는지. 돈 한 푼 구경시키지 않는다. 거참. (2014.)

치료비 변상

한참을 소리 내어 웃었다. 상상만으로도 웃지 않을 수 없다. 대중목욕탕 바닥에 벌거벗은 채 넘어져 있는 아내의 모습. 함께 목욕하던 사람들 웃음소리까지 들리어 오는 듯하다. 웅성웅성 둘러서서 혹 다치지나 않았을까 걱정하는 사람. 안타까운 마음에 안아 일으키며 위로하는 사람. 목욕탕 종업원을 황급히 부르고 있는 사람. 놀라 눈을 크게 뜨고 자신이 넘어진 양 안절부절못하는 사람. 이들 모두가 알몸이 아닌가.

목욕 간 아내가 돌아올 때가 지났는데 오지를 않는다. 오늘따라 딸아이까지 제 어미가 몹시 늦는다며 기다린다. 아내는 평소보다 시간이 한참 지난 후 아무 일 없다는 듯이 왔다. 표정이 약간 어둡다는 느낌은 받았으나 별 관심을 두지 않았다.

아내가 이것저것 집안일 몇 가지를 한 후 큰일 날 뻔했다면서 머리를 만져 보라 한다. 뒤통수에 혹이 툭 불거졌다. 피는 나지 않았으나 붉게 충혈되었다. 이 정도라면 넘어져 심하게 부딪쳤거나 아니면 몽둥이로 뒤통수를 몹시 얻어맞아 생긴 상처다. 걱정스럽게 쳐다보는 내게 목욕탕에서 넘어졌다고 했다.

　일반 병원은 문을 닫았으니 종합병원 응급실에라도 가 보자는 제안에 괜찮다며 오늘 밤을 참아보잔다. 놀랐는지 잠을 자면서 몇 차례 앓는 소리를 낸다. 잠자는 모습은 평소와 크게 다를 게 없다. 원래 잠을 깊게 자는 편이라 머리를 만져 봐도 별다른 반응이 없다. 무사하기만 기다릴 뿐 의학 상식이 부족한 나로서는 달리 어떻게 처방할 방법이 없다. 다른 날보다 밤이 길고 지루하게 느껴졌다.

　영상의학과에서 머리 부분을 MRI 촬영했다. 의사가 사진으로는 아무런 문제가 없다고 했다면서 좋아한다. 덩달아 나도 기분이 개운하다. 마음의 여유가 생기니 별생각이 다 든다. 아내가 뇌진탕으로 병원에 있다면 내 처지가 어떤 상황일까. 더 심한 경우를 당해 염라대왕의 부름이라도 받았다면, 우리 가정은 나침반이 고장 난 배가 되어 망망대해를 떠돌며 표류하지는 않을까.

　육십 대의 상처라. 생각만 해도 끔찍하다. 기분 좋은 표정으로 집안일을 하는 아내가 참 고맙다. 가뭄에 목말라하던 화초가 비 맞아 생기를 찾은 듯 움직임이 더욱 활기차고 싱싱하다. 전에는 대수롭지 않게 보이던 행동 하나하나에 관심이 간다. 둘이서 만나 가정 이루며 산 세월이 산천이 세 번 바뀌고도 남을 시간이다. 남들보다 유별나게 정을 나누며 산 것 같지도 않은데 가슴이 두근거리고 입에 침이 마르도록 긴장하고 걱정했다.

　어디서 들었는지 아내가 목욕탕에 MRI 촬영 경비를 요구해야 한다며 열을 올린다. 당신 몸에 이상이 없다고 의사가 진단했고, 목욕하다 넘어진 것은 조심하지 않았기 때문이다. 엉뚱한 생각하지 말고 밥이나 잘 먹고 전과 다름없이 잘 놀고 다음부터 목욕할 때 조심하라 했다. 목욕탕 주인이 치료 경비를 주는 게 아니라 보험회사에서 처리할 것이라며 반드시 받아내고야 말겠단다.

　외출하고 들어오는 아내의 기분이 퍽 들떠 있다. 오늘 목욕탕 주인과 통화를 했는데 치료비를 다는 줄 수 없고 삼 분의 일 정도 주겠다는 약속을 받았단다. 그 참 당신은 똑똑하다. 어떻게 그런 용기를 갖고 있느냐고 했더니 사람 잘못 봤다면서 의기양양이다. 통장을 찾아 전화로 계좌번호를 불러준다. 수화기에서 이른 시일 안에 송금하겠다며 굵직하고 힘 있는 남자의 목소리가 들려온다.

　다시 한번 생각하라는 나의 말에 당신은 세상을 너무 소극적으로 산다면서 왜 주어진 권리를 포기하느냐 하며, 자기가 알아서 할 테니 걱정하지 마라. 사업하는 사람이 이런 사건 한두 번 처리한 것도 아닐 것이라면 곧 돈이 입금될 것이라고 좋아한다.

　하루 이틀 기다리던 돈이 통장에 들어오지 않자 초조해하는 기색이 역력하다. 우리 집 가훈이 '수분守分' 아니냐. 그런 돈 바라지 말고 편하게 생활하라고 충고하는 말이 귀에 들어오지 않는 모양이다. 나쁜 사람이라고 안 되면 처음부터 약속하지 말든지 사기꾼이라고 목욕탕 주인을 비하하기 시작한다.

　외출했다 들어오면서 현관문을 꽝하고 닫는다. 약간 상기된 얼굴에 불만이 가득하다. 나를 보자마자 목욕탕 주인이 업자들 모임에서 상의했는데 그런 사고는 보험도 적용되지 않고 자기도 치료비를 변상할 수 없다고 하더란다. 치료비가 문제가 아니라 그만해서 다행이니 잊으라고 위로했다.

　저녁 잠자리에서 아내는 내 손을 잡으며 그래도 이번 목욕탕 사건으로 얻은 것이 많단다. 우선 세상살이가 우리 맘 같지 않고, 내가 늘 말이 적고 자상하지 않아 숲속의 썩은 고주배기(그루터기) 같다고 생각해 왔는데 마누라 편드는 마음이 남보다 낫다며 웃는다. (2016)

부부송 夫婦松

하늘은 푸르고 바다는 옥색이다. 수평선에서 밀려오는 파도가 대왕암에 부딪히며 소리친다. "나라를 보호해야 한다. 나라를 지켜야 한다." 잠시도 쉬지 않고 파도는 호국의 의지를 불태우고 있다. 천년의 세월이 흐른 지금껏….

신라는 당나라와 연합해 백제와 고구려를 멸망시켰다. 그 뒤 당나라가 신라를 지배하려 들자 문무왕(신라 30대 왕)이 강력히 대항 그 세력까지 물리쳤다. 한반도를 통일한 그는 평시에 "나는 죽은 후에 호국 대용이 되어 불법을 숭상하고 나라를 수호하려 한다."고 했다. 그가 승하하자 유언에 따라 동해의 대왕석에 장사를 지내니, 그 바위를 대왕암이라 부른다. 경주시 양북면에 있다.

문무왕이 승하하자 왕비도 세상을 떠났다. 왕이 죽어서도 호국의 대용이 되어 그 넋이 쉬지 않고 바다를 지키니 왕비 또한 무심할 수 없어, 하늘을 날아 울산 앞바다에 있는 큰 바위 밑으로 숨어들어 용신이 되었다. 그 뒤 사람들은 이곳을 대왕바위(대왕암, 댕바위)라 부른다. 울산 대왕암공원에 있다.

발아래로 동해의 파도가 출렁인다. 갯바위(대왕암)의 원형을 보존하고 관광객이 다니기 좋도록 목도가 놓여 있다. 바닷물과 바위가 만나는 끝자락에서 수평선을 바라본다. 왕비의 모습이나 영혼은 어디에도 보이지 않으나 호국 의지만은 시공을 초월하고 있다. 부부의 연이란 참으로 묘하다는 생각이다.

아내와 함께 갯바위(대왕암) 위 전망대에 올랐다. 난간에는 안전을 위해 쇠막대를 박고 쇠사슬을 쳐 놓았다. 거기에 녹슨 자물쇠가 수도 없이 달려 있다. 사랑의 자물쇠란다. 남녀 간의 사랑이 불안한가 보다. 행여 금이 가 헤어질까 염려해 '하트'까지 새겨 채워 놓은 것도 있다. 사랑은 눈에 보이는 자물쇠로 채울 것이 아니라 마음속에 단단히 채워 놓아야 하는데.

아내와 바닷가 산책로를 따라 걷는다. 바닷가의 바위가 안노인의 쪽찐 머리에 똬리를 얹어 놓은 형상을 하고 있다. '할미바위'란다. 엉거주춤한 모습이 눈에 익었다. 어릴 때 우리 집에는 우물이 없었다. 새벽마다 어머니는 샘물을 버지기(버치)에 담아 똬리를 얹는 머리에 이고 왔다. 농사철이 되면 논과 밭에서 일하는 일꾼들의 새참이나 점심을 광주리에 담아 머리로 날랐다. 이때 어머니 머리 위에는 똬리가 놓여 있었다.

어머니는 재작년 아흔아홉의 연세로 저세상으로 가셨다. 돌아가실 무렵에는 치매까지 심해 아들인 내가 곁에 있어도 누군지 몰랐다. 그래도 머리는 언제나 쪽을 짓고 있었다. 어머니의 모습이 할미바위 위에 환상으로 보인다. 당신 생각에 멍멍히 바다를 바라보고 있을 때 아내가 "저 바위 어머님 닮았네." 한다. 그도 어머니를 생각하고 있었구나. 우리는 서로 쳐다보며 알 듯 말 듯 한 미소를 지었다.

배들이 바다 멀리 점점이 떠 있고, 파도는 쉬지 않고 철썩인다. 갈매기 한 마리 외로이 날갯짓한다. 바닷물 색깔은 하늘빛을 닮는다더니 바다와 하늘이 맞닿은 곳이 에메랄드색이다.

바닷가 바위 위에 두 그루의 소나무가 고단한 모습으로 서 있다. 푸른 잎을 단 가지 사이에 마른 가지가 몇 개 보인다. 한 부모 밑에 있어도 삶의 과정이 같지 않다. 흙도 없는 돌 위에서 어떻게 저만큼 클 수 있었을까. 바람마저 잠시도 가만두지 않는다. 풍속에 따라 움직임이 다르다. 많이 시달려 이제는 익숙한 듯 푸른 하늘에 목을 한껏 뒤로 젖히고 태양을 바라보며 온몸을 맡긴다. 마른 솔가지도 푸른 가지와 함께 흔들린다.

'부부송夫婦松'이란다. '아! 그렇구나, 저 소나무 둘이 부부였구나.' 순간, 나는 아내의 손을 슬며시 잡았다. 아내가 나를 쳐다본다. 내 시선이 '부부송'에 있음을 보고 웃음을 짓는다. 두 나무가 참 많이 닮았다. 바위에 뿌리를 내리고 해풍에 시달리면서도 오랜 세월 함께 살지 않았는가. 나도 아내를 본다. 우리도 서로 참 많이 닮았다. (2013.)

지각한 약속

또 아내와의 약속을 지키지 못했다. 지난 4월 '2011대구세계육상선수권대회' 개막식 입장권 두 장을 예매해 아내에게 자랑하며 함께 가자고 했다. 그녀는 긴가민가한 표정을 지으며 웃을 뿐 대답이 시원찮았다. 세계적인 스포츠 행사를 우리 지방에서 하는 것은 행운이다. 세계 60억 인구 중에서 이런 경기를 관람할 수 있는 확률은 극히 낮다. 신이 준 은총일 수도 있다.

매월 네 번째 토요일은 생태학 현장학습이 있다. 2년 전부터 해오고 있으나 8월 27일이 네 번째 토요일인 줄 몰랐다. 아무 생각 없이 공부하러 나서는데 아내는 오늘이 세계육상대회 개막식 날이란다. 빠르면 저녁 6시까지 올 수 있으니 준비를 하고 기다리라는 말을 남기고 떠났다. 현장학습이 일찍 끝날 것 같지 않아 집에 전화했다. 혼자라도 먼저 가라는 말이 끝나기도 전에 입장권을 다른 사람에게 줬단다.

사람들과 약속을 비교적 잘 지킨다고 생각하는데 아내와는 영 아니

외투의 충고

다. 지키지 못할 약속을 남발하고 어기고도 사과하거나 용서를 빌어본 일이 없다. 경상도에 태어나 자랐기 때문이라고 그저 웃고 넘어갈 일이 아니다. 내 의식이 문제다. 내자에게 다른 사람보다 먼저 약속해 놓고 후 순위로 미루기가 예사다. 가장 가깝고 만만한 사람이라 이해를 구하기가 쉽다는 고정관념 탓이리라.

 평생을 이런 설움 속에 살면서도 약속을 지키지 않았다는 이유로 크게 다투어본 기억이 없다. 어쩌면(이런 면으로 보면) 나는 행운아다. 아내는 내 마음을 미리 읽고 있었는지 모른다. 개막식 입장권을 자랑하며 함께 가자고 했을 때 긴가민가한 얼굴로 대답조차 분명하게 하지 않았다. 현장학습을 떠날 때 벌써 시간 내 오지 못할 것을 알고 입장권이 사장되는 것을 막기 위해 다른 사람에게 주지 않았는가.

 대구스타디움을 추석 연휴 기간에 시민에게 개방하고 있다는 방송을 듣고 아내에게 가자고 했다. 내자는 웃기만 한다. 그래 지금 바로 가야 한다. 또 시간을 정하고 미루다가 실행을 못 할까 봐 서둘렀다. 아내는 눈을 커다랗게 뜨고 다소 멍청한 표정으로 따라나섰다.

 밖 정면에서 바라본 대구스타디움이 로마의 콜로세움만큼이나 웅장했다. 여러 해 전 월드컵 경기를 할 때보다 더욱 세련된 분위기다. 큰 원통형 조형물인 매표소가 인상적이다. 제3 게이트를 따라 안으로 들어갔다. 하늘이 보이는 천장에서 다사로운 가을 햇살이 쏟아진다. 지붕의 곡선미가 정감을 느끼게 한다. 중앙 필드에는 초록의 잔디가 잘

정돈되어 있고, 그 둘레로 새파란 몬도트랙에 흰 라인이 선명하다. 트랙을 둘러싸고 있는 텅 빈 스탠드엔 영역별로 붉고 노랗고 푸른색으로 깨끗하게 정리된 의자가 가지런히 줄지어 서 있다. 여기가 '2011대구세계육상선수권대회'를 성공리에 마친 곳이구나. 갑자기 가슴이 두근거리며 코끝이 찡해진다.

경기가 열리지 않는 대구스타디움의 새파란 몬도트랙에서 달리기도 하고, 출발선에서 출발 시늉도 해보고, 폭신한 느낌이 나는 바닥을 손으로 문질러 보기도 한다. 필드의 초록 잔디를 손으로 만지면 우리나라 잔디와는 다르다면서 살며시 들어가 밟아본다. 아직 그대로 둔 높이뛰기 바를 쳐다보기도 하고 멀리뛰기 경기장 모래를 한 손 가득 움켜쥐고 손가락 사이로 흘려보내기도 한다.

경기 기간 내 집에서 본 TV 화면을 떠올리며 저기쯤에 내외 귀빈이 앉아 있었고, 메인무대는 이쪽에 만들어졌으며, 여기에서 가수 인순이가 노래를 불렀고, 저기에서 대통령의 개회 선언과 시장의 대회사가 있었다며 넓은 공간 여기저기를 자유롭게 다닌다. 대구세계육상대회는 시민에게 평생의 추억거리를 제공한 축제다. 동서로 마주 세워 놓은 대형 전광판엔 대회 기간에 있었던 감동적인 장면을 영상으로 계속 비추고 있다.

남자 100m 경기에서 부정 출발로 실격당한 우사인 볼트의 절망적인 모습과 200m에서 우승한 후 환호하는 장면이 무척 대조적이다. 인간 한계를 저울질하는 세계적인 선수도 나약한 한 인간임을 증명하는 듯하다. '미녀 새'로 알려진 여자 장대높이뛰기 선수 엘레나 이신바예바가 파비아나 무러레에게 금메달을 내어주고 고개 숙인 모습이 영원한 승자는 없다는 평범한 진리를 생각나게 한다.

경기장 밖으로 나와 주변을 살펴본다. 잘 가꾸어진 소나무가 대구인의 기상을 보여주는 듯하다. '2011대구세계육상선수권대회' 성공 여부는 전문가에 의해 평가되겠지만 내게는 참으로 뜻깊은 행사다. 비록 대회 기간 내 한 차례도 경기장을 찾지 못했지만, 오늘은 다르다. 경기가 없는 경기장을 아내와 함께 찾아왔다. 지금껏 내자와의 약속을 밥 먹듯 어기면서도 한 번도 깊게 반성해 본 일이 없었다. 지각한 약속을 지키는 것도 약속의 이행인가 보다. 아내가 길가의 코스모스꽃처럼 맑게 웃는다. 행복이란 거창한 것이 아니다. 그녀의 밝은 표정이 마음을 편안하게 한다. (2011.)

추석을 보내며

마지막이란 말에는 슬픔이 담겨 있다. 좋아하던 일이든 싫어하던 일이든, 자의에 의한 일이든 타의에 의한 일이든 이것이 '끝이다, 마지막이다' 하는 말을 들으면 섭섭함과 함께 슬픔까지 느낄 때가 있다.

추석 명절이 지났다. 서울 사는 두 아들이 어렵게 왔다가 각자 둥지로 떠났다. TV에 귀가를 서두르는 귀성객 차량 행렬의 끝이 보이지 않는다. 차들이 가다 서기를 반복한다. 짜증스러운 귀갓길에 부모님을 만나 정 나누기하던 명절의 즐거움이 반감하고 있겠다. 저 무리 가운데는 아침 일찍 떠난 우리 집 아이들도 있을 것이다.

올 추석은 휴일이 길었다. 토·일요일과 추석 연휴를 합하여 닷새다. 두 아들과 함께 추석 전날을 이용해 부모님 산소를 찾았다. 전에 혼자서 두 차례나 벌초했으나 마음에 들지 않는다. 장마철 잦은 비로 봉분 주위의 풀과 산소 둘레의 나무들이 마음껏 자라 손볼 것이 많았다. 요즈음은 조상님 산소 벌초도 주로 용역을 주어 벌초꾼이 대신

한다. 아이들이 산소를 둘러보고 깔끔하게 정리되지 않는 데 따른 불만이 크다.

공연히 미안한 생각이 들어 평소 가진 생각을 말했다. 벌초할 기운이 있을 때까지는 내 힘으로 한다. 부모님 산소 벌초까지 남의 손에 맡기는 것이 괜히 송구스럽다. 아이들은 생각이 다르다. 내 나이가 칠십대 중반이다. 벌초하다가 다치기라도 하면 자신들이 불효를 저지르게 된다. 직장 생활하면서 매년 벌초할 형편이 안 되니 돈으로 해결하는 것이 현명한 처사란다.

요즈음 나와 비슷한 나이 세대가 자조적으로 가끔 한마디씩 툭툭 내뱉는 말이 있다. 자신들은 가난을 상징하는 보릿고개를 아는, 부모님을 모시는, 조상님 산소에 벌초하고 성묘하며 제사 모시는, 부자유친이란 교육을 받았던 마지막 세대란다. 좀 더 심하게는 노후에 자녀들로부터 도움을 받을 수 없어 독립 만세를 불러야 하는 세대다. 죽어 귀신이 되어서도 알아서 챙겨 먹어야 한단다.

나도 부모님 산소를 찾아 벌초하는 마지막 세대가 될 수 있겠다는 생각이다. 이 세상과 작별한 후 부모님 묘소나 내 무덤에 아이들이 해마다 찾아와 벌초할 것 같지는 않다. 공연이 마음이 우울해진다. 올해는 벌초해 놓은 것이 전과 같지 않아 미리 준비를 좀 했다. 낫과 삽, 톱과 갈퀴다. 삼부자가 두 시간 정도 봉분과 주위 잔디를 정리했다. 산돼지가 훼손한 봉분 일부를 손봐두었으나 아이들이 마음에 들지 않는지

흙을 가져와 다시 돋우었다. 성묘한 제물을 먹으며 어릴 적 선친을 따라다니며 조부모님 산소 벌초하던 그때와 우리 집안 시조와 도시조의 역사까지 이야기했다.

본관이 용궁龍宮 전 씨全氏다. 시조始祖는 문정文貞 전방숙全邦淑으로 고려 충렬왕 때의 한림학사翰林學士를 지냈고, 문하시중평장사門下侍中平章事에 이르러 용성부원군龍城府院君에 봉해졌다. 용성龍城은 용궁龍宮(경상북도 예천군에 있음)의 옛 지명이다. 도시조都始祖 환성군歡城君 전섭全聶의 28세손이다. 전섭은 온조왕이 백제를 세우는 데 도움을 준 백제 개국 공신이다. 나는 도시조 환성군 할아버지의 52세손이고 시조 문정 할아버지의 24세손이다. 따라서 아이들은 도시조의 53세손이고, 시조의 25세손이 된다.

재완이와 재윤이는 손자다. 큰놈 재완이는 초등학교 4학년짜리로 11살이고 작은놈 재윤이는 2학년 9살이다. 우리 집에 도착 후 아내가 준비한 떡과 과일을 먹으며 나와 윷놀이와 딱지치기를 했었다. 형은 철이 좀 들었는지 승부에 크게 집착하지 않는데 동생은 게임에서 질 때면 씩씩거리며 숨소리가 거칠다. 아내는 게임에 애착하며 씩씩거리는 동생이 더 잘살 것이라며 작은놈 편을 든다. 내 생각은 좀 다르다. 게임은 즐길 줄 알아야 한다. 즐겁게 놀다 보면 게임에서 얻을 수 있는 승부 근성도 기를 수 있고, 이길 때의 기쁨과 졌을 때의 인내심도 맛볼 수 있다.

외투의 충고

제 아비 어미와 함께 승용차 안에서 짜증은 부리지 않을까. 아니 할아비와 노느라 피곤해 곤히 잠에 떨어졌을 수도 있다. TV 화면에 추석 명절을 담은 모습이 정겹다. 가족들이 모여 환하게 웃으며 음식을 먹는 장면도 윷놀이하는 모습도 참 보기가 좋다. 사람 사는 냄새가 난다. 명절에 부모님이 계신 고향을 힘들게 찾는 이유를 알겠다. 모두가 행복한 이야기와 바람직한 삶의 모습만 연출하다가 귀가하지는 않을 것이다. 때론 모난 얘기로 마음에 상처를 남겨 돌아가는 차 속에서 후회하는 사람도 있겠지.

그래도 명절은 있어야 한다. 떨어져 사는 가족이 모여 좋은 일에 서로 축하하고 즐거움을 누릴 수 있다. 자식들이 집안의 내력을 자연스럽게 배울 수도 있다. 가족 간에 앞으로 발전된 관계를 만드는 계기도 된다. 가끔은 가족 사이 마음의 갈등을 풀 수 있는 기회가 된다. 풀지 못한 갈등은 서로의 가슴에 멍울로 남는다. 고부간의 갈등이든 세대 간의 갈등이든 가슴속 멍울은 기약 없는 아픔의 덩어리로 남는다. 서로의 갈등을 풀기 위해서는 만나야 한다. 추석은 가족 간의 환희를 나누고 갈등의 멍울을 풀 수 있는 좋은 날이 될 수 있다.

삶의 가치 척도는 어디까지나 주관적이고 상대적이다. 자식들의 삶에 영향을 미칠 능력의 범위를 지났지만, 오늘은 오래전에 읽은 법정 스님의 글 「텅 빈 충만」에 나오는 말을 전해주고 싶다. "출가 정신을 다른 말로 표현하자면 칼을 가는 일이라고 할 수 있다. 칼날이 무디면 칼로서 기능이 끝난다. 칼이 칼일 수 있는 것은 날이 퍼렇게 서 있을 때 한해서다. 누구를 상하게 하는 칼이 아니라, 버릇과 타성과 번뇌를 가차 없이 절단하는 반야검般若劍, 즉 지혜의 칼날이다. 칼의 서슬이 푸른 빛을 지니지 않으면 타인은 그만두고라도 자기 자신도 구제할 수 없다." 출가한 스님이 반야검으로 자기의 버릇과 타성, 번뇌를 절단하듯이 자식들도 지혜의 칼날을 가슴에 품고 살았으면 한다. 누구도 자기의 삶을 만들어 줄 수 없다. 오로지 자신이 자기의 인생을 한층 한층 쌓아갈 뿐이다. 삶의 현장에서 지혜롭게 살기를 기도한다.

  추석 명절을 보내고 떠난 아이들을 생각한다. 아무런 연고도 부모의 경제적인 뒷받침도 없이 타향에서 자리 잡고 사는 것이 장하다. 나는 새마을운동에 힘입어 나라의 경제 발전과 미래의 풍요로운 삶을 꿈꾸며 살아온 기성세대다. 그에 비해 풍요 속에 빈곤이란 상대적 박탈감을 겪으며 사는 오늘의 젊은이로서 가정을 꾸려가는 것만으로도 대견하다는 생각이다. 손자를 앞세우고 코로나19 사태에도 명절이라고 부모를 찾아 고생길을 마다하지 않는 마음이 고맙다. (2021.)

하늘이 준 선물

소나무의 보은

은혜를 입고 그에 보은하기는 쉽지 않다. 베풀어 준 사람이든 사물이든 그에 상응하는 값을 한다는 것은 더 어렵다. 그 방법이나 시기가 맞지 않을 때는 대가 없이 순수한 마음으로 도움을 준 이의 마음에 상처를 남길 수도 있다. 고마움을 가슴속에 고이 담고 마음 편히 사노라면 뜻하지 않는 곳에서 예상하지 못 때에 그에 상응하는 보은할 길이 생길 수 있다.

대구 두류공원 둘레길 산등성에 줄기가 남서쪽으로 땅에 닿을 듯 기울어진 소나무 세 그루가 모여 있다. 바로 섰다면 높이가 어른 키의 삼사 배는 되고 밑동 부분의 굵기가 어린아이들 허리통 정도다. 그곳을 지날 때마다 저 나무가 천수를 다할까 하는 생각이 든다. 세 포기 모두 줄기의 삼 분의 이 정도 되는 곳에 마른 나뭇등걸로 된 받침목의 부축을 받고 있다. 나는 그것을 볼 때마다 불안하다. 굵기가 소나무 줄기보다 가늘고 땅에 닿은 부분이 썩으려고 색이 검게 변해 있다. 몇 년 더

버티다가 썩기라도 하면 소나무가 홀로 살 수 있을까.

 자세한 사연을 모르지만, 나의 추론에 의하면 어느 해 태풍이 왔을 때다. 폭우로 지반이 약해질 대로 약해졌을 때 강풍이 불어 소나무가 몸을 지탱하지 못하고 옆으로 넘어졌다. 오른쪽으로 뻗은 뿌리가 땅을 들치고 일어나 있다. 스스로 힘으로 다시 일어설 수 없어 사경을 헤매고 있을 때다. 공원관리실에서 사람이 와 그대로 베내기가 아까워 주위에 넘어져 있는 활엽수를 베어 받침목으로 받쳐 놓았다. 그 덕분에 지금까지 견디고 있다. 세 그루의 소나무가 넘어진 방향도 같고, 기울어진 각도도 비슷하다. 받침목을 만져 본다. 아직은 힘이 있어 당분간은 별문제가 없을 듯하다.

 내가 소나무가 있는 곳을 지날 때는 아침나절이다. 얼마 전이다. 세 그루 중 밑둥치가 가장 굵은 나무 밑동 곁에 박석 두 개가 나란히 깔려 있었다. 누군가 산책을 하다가 쉬어간 흔적이다. 아니나 다를까. 어느 날 노인 두 분이 옆에 휴대용 라디오를 켜 놓고 앉아 해바라기다. 세상을 소나무보다 더 어렵게 살았겠다 싶은 얼굴에 햇살을 받으며 소나무 밑동에 기대어 먼 하늘만 멀거니 바라본다. 얼굴이 참 평화롭다. 앉아 쉴 곳이 많은데 하필이면 왜 여기에 자리 잡았을까. 그렇다. 아무리 공간이 넓다 하더라도 사람마다 쉬기에 편안한 곳이 있다. 아직은 삼월이라 산 중턱에서 나무 그늘에 앉아 있기는 춥다. 그렇다고 산책객이 많이 다니는 길가는 불편하다. 큰 소나무가 누워 있으니 햇볕이 잘 들어 따뜻하다. 밑둥치 아래 놓은 박석에 앉으면 등이 소나무에 기대기 딱 좋다. 때론 낡고 허름한 집이 마음이 편안한 것처럼 비스듬히 넘어진 소나무가 만만한가 보다.

요즈음 코로나19로 사회가 뒤숭숭하다. 매스컴에서는 연일 사회적 거리 두기를 강조하고 있다. 종일 집에 있자니 답답하고 어디 지인을 찾아가기도 만만하지 않다. 타지에 있는 아들딸이나 일가친척도 찾을 수 없다. 대구, 우리나라에서 코로나19 확진자가 가장 먼저 나온 곳이다. 아무런 잘못도 없이 죄인이 되어 있다. 창살 없는 감옥이다. 그래도 이곳 둘레길은 안성맞춤이다. 사회적 거리 두기도 실천할 수 있고 맑은 공기도 마실 수 있다. 가끔 팔다리를 흔들어 보기도 하고 손바닥으로 길가 소나무들의 둥치를 치며 마사지도 한다. 한두 시간 걷다가 쉬다가 소일하기에는 그만이다.

처음 노인들을 보고 하필이면 혼자 자기의 몸도 일으키지 못하고 받침목에 의지한 소나무에 기대고 있을까? 넓고 넓은 공간에서 왜 이곳에 터를 잡고 앉아 계실까? 하다가 추사 김정희 선생이 그린 세한도 속의 소나무가 생각났다. 내 눈에는 그림 안 소나무는 싱싱한 낙락장송이 아니다. 많은 사람이 부러워할 정도로 모양새가 의젓하거나 멋져 보이지도 않는다. 추위 속에 벌벌 떨고 있는 소나무다. 발문 앞부분에 "날씨가 추워진 뒤에야 제일 늦게 소나무와 잣나무가 시드는 것을 안다." 이에 빗대어 "권세와 이익이 다하면 사귐이 시들해진다." 하고 있다. 의리를 지키고 있는 제자 이상직의 인품을 칭송하기 위해 전제한 말이다.

내가 추사처럼 그림에 마음을 나타낼 수 있으면 좋겠다. 태풍으로 넘어져 자기 몸도 제대로 가누지 못하는 소나무가 코로나19로 몸과 마음이 지칠 대로 지친 노인을 위로하고 격려하는 마음을 표현하고 싶다. 동병상련이라고 어려운 처지를 당해 보아야 남의 어려움을 생각할 줄 알게 되는 법. 노인들은 여기 소나무가 태풍 때 생사를 오락가락했던 사실을 모른다. 소나무 역시 노인들이 코로나19에 일상의 평화로움을 빼앗기고 있음을 모른다. 소나무가 태풍 때 인간으로부터 받은 은혜를 오늘은 코로나19 사태로 지친 노인들을 아무런 불평 없이 보듬어 주며 보은하고 있는 듯하다.

넘어진 소나무 밑둥치에 기대어 코로나19로 지친 심신을 위로받고자 하는 노인들이 하루라도 빨리 일상에서 평화로움을 찾고, 넘어진 소나무는 받침목이 썩어 힘을 발휘하지 못해도 자신의 힘으로 바람과 햇볕을 받으며 천수를 다하기를 바란다. 라디오에서는 코로나19가 곧 물려갈 것이란 멘트에 이어 "잘 사는 날 올 거야, 저 높은 하늘 봐요." 하며 희망을 노래하고 있다. (2021.)

쥐똥나무

아파트에 겨울을 견디는 나무가 있다. 추운 날씨에도 매연에 찌들어 화단 둘레에 볼품없이 서 있다. 가지가 이리저리 질서 없이 뻗어 제멋대로 엉켰다. 외출할 때마다 화단 따라 난 인도를 걷는다. 그때마다 눈에 들어왔으나 한 번도 관심을 가져 본 적이 없다. 그곳에 그 나무가 있는 것이 당연하다고 생각했다. 가지 끝에 새까만 열매가 달린 것을 간혹 보기는 했으나 아무런 생각이 없었다. 함께 가던 아내가 "나무에 쥐똥이 달렸네." 했다. 자세히 보니 정말 모양과 크기 색깔까지 쥐똥처럼 생긴 열매가 여기저기 달렸다.

봄이라지만 날씨가 제법 쌀쌀하다. 외투의 깃을 세우고 나무를 들여다본다. 깜짝 놀랐다. 가지 끝에 연초록의 잎눈이 보인다. 봄은 여인의 옷에서 온다고 하더니 우리 아파트에는 쥐똥을 달고 있는 이름 모를 나무에서 시작하고 있다. 신비롭다. 나무가 어떻게 봄이 온 줄 알았을까. 죽은 듯이 온갖 먼지를 덮어쓰고 한겨울의 추위를 온몸으로 견디

하늘이 준 선물

며 서 있던 나무. 대견스럽다. 미세먼지가 겨우내 괴롭히고, 하얀 눈이 와 가지까지 꽁꽁 얼게 해도 한곳에 붙박이어 살 수밖에 없는 운명을 가진 나무가 봄을 알린다.

나무는 하루에 몇 번씩 봐도 무표정이다. 지난겨울 추위에도 그저 그렇게 쥐똥을 달고 화단 둘레를 지키고 있었다. 아직은 춥다. 나는 내의를 벗지 못하고 있다. 며칠 전 가랑비가 온 날이다. 우연히 나무로부터 침묵의 교훈을 들었다. 주위의 여건과 환경에 구애받지 않고 자기의 삶을 사는 나무. 성자나 군자의 삶처럼 성찰의 자세를 지키고 있는 듯하다. 가지 끝에 보일 듯 말 듯이 붙은 가늘고 작은 잎눈이 나를 빤히 바라본다. 나무의 이름이 궁금했다.

쥐똥이란 말이 들어간 나무 이름을 찾아봤다. 표준국어대사전에 '쥐똥나무'가 나왔다. "물푸레나뭇과의 낙엽 활엽 관목. 높이는 2m 정도이며, 잎은 마주나고 긴 타원형이다. 5~6월에 흰색 꽃이 피고 열매는 핵과核果로 10월에 검게 익는다. 나무껍질은 약용 또는 공업용으로 쓴다. 산과 들, 골짜기에서 자라는데 한국, 일본, 중국 남부 등지에 분포한다." 사전에 사진으로 나오는 나뭇잎 모양과 수형이 지난여름 화단에서 본 것과 같다.

'열매가 10월에 검게 익는다' 아내가 보고 쥐똥 같다고 한 것이 지난가을에 달렸던 열매다. 지난해 늦은 봄 색깔이 하얗고 모양은 작으나 개나리처럼 생긴 꽃이 피었다. 푸른 잎이 우거진 가지 속에 화려하지는 않으나 맑고 깨끗한 꽃이 하얀 얼굴로 지나다니는 나를 바라봤다. 그 꽃에서 초록의 열매가 차츰 검은 보랏빛으로 변했었다. 지금까지도 나무에 달고 있는 새까만 열매다. 색깔이나 크기 모양이 쥐의 배설물과 똑같다.

나무는 '쥐똥나무'란 이름에서 오는 혐오감이나 업신여김에 신경 쓰지 않는다. 지난해처럼, 아니 그 전전의 어느 해같이 봄이 오면 잎눈에서 새잎을 내밀고 여름이 오면 꽃을 피우고, 가을이 되면 열매가 익는다. 꽃과 열매가 사람들의 부러움이나 환영받지 못해도 안달하지 않는다. 매년 그 자리에 있을 뿐이다.

지난해 9월 중순쯤이다. 아파트 관리소 근무자가 대형 전지가위로 나무를 이리저리 자르고 있었다. 수형을 잡는다고 했다. 인정사정 두지 않고 마구 가지를 자르고 있다. 혹시나 불안한 마음에 걱정했더니 그렇지 않단다. 울타리에 쓰는 나무로서는 다른 어떤 나무보다 좋다. 수형을 마음대로 잡아도 잘 자란다. 공해에도 별로 개의치 않는다. 이렇게 마구 잘라도 봄이면 잎도 잘 달고 가지도 잘 자란단다. 이름에서 받는 운명인가. 다른 나무에 비해 대접이 시원찮다. 하필이면 사람들이 싫어하는 쥐, 그것도 모자라 쥐의 똥에 비유된 '쥐똥나무'.

힘없고 말 못 하는 수목도 소중한 생명체이다. 수목은 인간에게 많은 혜택을 준다. 나는 놓치는 것이 많다. 수목이 내게 직접 도움이나 이익을 주지 않을 때 관심을 두지 않았다. 이기적으로 산 삶이다. 세상의 진정한 사랑과 평화는 사람 사이에만 존재하는 것은 아니다. 생명이 있는 모든 것과의 소통에서도 찾을 수 있다. '쥐똥나무' 이름이 예쁘지 않다. 그래도 이름에 주눅 들지 않고 남의 시선에 신경 쓰지 않고 살아온 아파트 화단의 나무가 새롭게 다가온다. 내 삶이 중요한 것처럼 '쥐똥나무'의 삶 또한 소중하다.

  비록 눈에 띄게 화려하지는 않으나 맑고 그윽한 향기를 지닌 꽃. 초록 나뭇잎 사이에서 미소 짓는 새하얀 작은 쥐똥나무꽃이 보고 싶다. 쥐똥나무가 가져다줄 설레는 봄, 싱그러운 여름, 시가 되는 가을 단풍을 그려 본다. 삶에는 이름이 문제가 아니라 삶의 가치를 어떻게 창조하느냐가 더 소중하지 않을까? 매연으로 시꺼멓게 된 가지에 쥐똥을 단 나무가 자기의 열매보다 세파에 시달려 더 시꺼멓게 된 내 심보를 보고 있지나 않을까 조심스럽다. (2019.)

겨울나무

　겨울나무를 쳐다본다. 가진 것을 모두 털어낸 모습이 홀가분해 보인다. 봄에는 꽃, 여름에는 무성한 잎사귀, 가을에는 열매와 아름다운 단풍을 달고 있던 나무다. 지금은 앙상한 가지만 줄기에서 뻗은 알몸이다. 겨울이라 좀 쓸쓸한 느낌이 들지만, 마음 비운 은자나 선지자 같은 모습이다. 몸에 지닌 모든 것을 버렸으니 바람이 불어도 눈비가 내려도 걱정이 없겠다. 겨울나무가 나에게 자기를 닮아보란다. 인생은 빈손으로 왔다가 빈손으로 간다[空手來空手去]고 말하는 듯하다.
　직장에서 퇴직한 지 십여 년이 지났다. 세월의 흐름이 나이와 비례한다더니 그 빠르기를 실감한다. 하루보다는 한 달이, 한 달보다는 일 년이 더 잘 간다. 벌써 내 나이 칠십 대 중반이다. 돌아보니 참 많이 살았다. 호랑이는 죽으면 가죽을 남기고 사람은 이름을 남긴다고 했는데 살아온 여정이 허무하다. 오늘은 다르다. 겨울나무가 나를 위로한다. 가진 것을 버리니 가볍고 걱정이 없다. 봄부터 가을까지 가지에 달고 있던 꽃과 잎, 열매와 단풍을 지키느라 힘들었다. 지금은 가만히 쉰다. 휴식

하늘이 준 선물

을 취해야 힘이 생기고 힘이 생겨야 새로운 일을 할 수 있다고 한다.

자식들이 모두 곁을 떠나고, 집에 아내와 둘만 산다. 가끔 적막함을 느낄 때가 있다. 사람이란 서로 자주 부딪쳐야 정이 난다. 자식도 멀리 있으니 어릴 때처럼 정 내기가 쉽지 않다. 직장동료도 퇴직 후 세월이 많이 흐르니 만남이 뜸하다. 지난 일이나 아직 못 한 일에 후회도 하고, 가족과 가까운 사람들과의 영원한 이별도 생각한다. 올겨울은 가지만 앙상한 겨울나무에 유난히 눈이 많이 간다.

요즈음은 남 보기 하찮은 것에서 즐거움과 기쁨을 찾는다. 지난 설 명절에 서울 사는 손자가 다녀갔다. 내가 컴퓨터 앞에서 앉아 있으니 "할아버지는 아직도 공부해요?" 하며 눈을 동그랗게 한다. 제 눈에는 자판기를 두드리며 글을 쓰고 있는 모습이 공부하는 것으로 보였나 보다. 가진 것이 많이 없는 나는 주로 책을 읽거나 글을 쓰면서 소일한다. 손자 눈에 공부하는 할아버지 멋있지 않은가.

며칠 전 아내가 싱글벙글하며 내게 말했다. 우리는 참 부자다. 작은 손자가 인정했단다. 초등학교 입학 기념으로 용돈을 조금 보냈다. 전화로 필요한 것 있으면 사고 여유가 있으면 맛있는 것 사 먹으라 했더니 저금해야 한다. 형은 돈이 이백만 원 있는데 자기는 일백만 원뿐이다. 형만큼 많아질 때까지 모아야 한다. 재미로 하는 말인지 아니면 정말 있는지는 모르나 아내가 기특해 "돈 많이 모았네, 너는 참 부자구나." 했더니 "아니에요, 할머니가 제일 부자예요." 하더라나. 자기가 할머니 집에 갈 때마다 장난감도 사주고 용돈도 준다며 부자라고 했다.

그렇다. 자식들에게 집 사주고 차 사주지는 못해도 손자들에게 푼돈이라도 줄 수 있으니 확실히 부자다.

나이가 들어도 생애 짊어지고 갈 짐이 별로 없으니 홀가분하다. 어떤 사람은 서러움만 남는다고 하는데 나는 오히려 마음 편하다. 지난 세월 생계를 위해 재산 모으고, 명예를 얻으려고 경쟁하고, 남보다 군림하려 다투던 삶에서 해방되지 않았는가. 험상궂게 생긴 이웃집 아저씨처럼 애써 피하고 싶지만, 언젠가 한 번은 맞닥뜨려야 할 죽음을 향해 어제보다 하루 더 늙은 오늘을 살고 있을지라도 마음이 가볍다.

어쩌면 마침표 하나 찍기 위해 사는지 모르는 나에게 겨울나무가 힘을 준다. 버리고 사는 방법을 가르쳐 준다. 버림은 포기가 아니라 새로운 삶을 만들 수 있다. 비워야 공간이 생긴다. 공간이 있어야 새로운 것을 가져다 놓는다. 겨울나무 가지 끝에도 봄이 오면 새싹이 돋아 희망의 메시지를 주겠지. 춥고 찬 바람 속에 던져진 것처럼 보여도 삶을 포기하거나 희망을 잃은 것이 아니다. 찬 기운이 온몸을 얼어붙게 해도 햇볕을 받으며 성장을 이어갈 준비를 하고 있다.

앞으로 얼마나 더 살 수 있을지 모르지만, 하고 싶은 일 하고, 좋아하는 것에 마음 쏟으며 지내고 싶다. 그러기 위해 물욕과 명예욕, 권력욕에서 벗어나야 한다. 가지고 싶은 좋은 물건이나 넘치는 생각을 털어내고 겨울나무처럼 가벼워져야 한다. 겨울나무가 추위를 견디며 사는 지혜를 배워야겠다. (2020.)

논두렁콩

 장마가 끝났다. 지금부터 더위가 본격적으로 시작된다는 기상청 예보다. 직장에서 정년퇴직한 지 십여 년이 지났다. 뚜렷하게 하는 일이 없으니 일상이 지겨울 때가 종종 있다. 요즈음은 일과 중 대부분을 소설 『아리랑』(조정래, 대하소설)을 읽으며 더위를 견딘다. 생각지 못한 반가운 전화다. 서울 사는 초등학교 동기가 문경시 농암면에서 만나자고 한다. 그곳에는 친구의 처가에서 생활하다 두고 간 옛집이 있다. 근래 간단하게 수리해 여관이나 모텔 정도는 아니라도 자연을 즐기며 하루 이틀 정도 지낼 만하다.
 마당 텃밭에는 짙은 청록색 잎이 무성한 고추에 풋고추가 주렁주렁하고, 수확기를 놓친 대파도 머리에 조롱조롱 흰 꽃송이를 달고 있다. 제때 수확하지 않은 쑥갓이 가지가 부러진 채 흰 꽃을 달고 향긋한 냄새를 풍기며 누웠다. 담장 밑 모퉁이에는 도라지가 보라색 꽃을 달고 수줍게 웃는다. 텃밭은 돌보는 이가 없음을 증명이라도 하듯 잡초가 무성해 다니기가 불편하다. 오래전 농사를 지을 때 사용하던 괭이, 삽

등 녹슨 농기구가 문간채 처마 밑에 흩어져 있고, 마당 한쪽 편에는 향수를 불러오는 거미줄이 얼기설기 쳐진 재래식 변소도 있다. 어릴 때는 '통시'라 불렸다. 문짝이 틀어져 제대로 닫을 수 없어 볼일을 볼 수 없을 정도로 불안하게 했다. 밤하늘 처마 끝에는 무수히 많은 별이 걸려 아름다운 빛을 반짝인다. 어릴 때 자란 고향 분위기다.

이튿날 아침 일찍 집 앞 냇가를 산책했다. 논과 경계를 이루고 있는 냇둑에 살이 통통하게 오른 호박잎이 군침을 돌게 한다. 한여름 찐 호박잎에 밥을 놓고 고추장과 담백하게 끓인 된장으로 쌈을 싸서 먹던 맛은 잊을 수 없다. 지금까지도 내가 좋아하는 먹거리다. 무논에 뿌리 내림한 벼가 짙푸름을 더하고 있다. 고추밭 가에 심어 놓은 옥수수가 수염을 드러내고 배를 내밀며 유혹한다. 고추밭 테두리에 심은 들깨도 잎을 한들거리며 입맛을 돋운다. 논두렁에는 콩이 한 줄로 선 채 잎이 진녹색이 되어 벼와 성장 경쟁을 한다. 일반적으로 계단식으로 된 논의 둑에 심는 콩은 논두렁을 따라 심는다. 여기는 냇가 옆이라 방천보다 논이 얕아 논 쪽 둑 기슭에 콩을 심어 놓았다. 일반 무논 둑과는 달리 자갈이 많다. 콩을 심으려고 풀매기하느라 매우 힘이 들었을 것 같다.

아! 논두렁콩, 어머니가 생각난다. 초등학교 저학년 때다. 무논에 이앙한 모가 튼실하게 뿌리를 내리고 자리를 잡기 시작하면 어머니는 논두렁에 콩을 심어야 한다며 독촉하셨다. 짚으로 엮어 만든 삼태기에 재를 가득 담아 머리에 이고, 손에는 씨앗 콩이 든 봉지와 호미를 들고 앞을 선다. 나는 고추 지주대로 사용하면 알맞을 정도의 작대기를 들고 뒤를 따른다. 논에 도착하면 내가 작대기로 반걸음 간격씩 논둑에 구멍을 내놓으면 어머니는 그 속에 콩을 한두 알씩 넣고 그 위에 재를 덮는다. 재로 덮어야 벌레나 개구리가 씨앗을 파먹지 못한단다.

『아리랑』 소설에 보면, 일제 강점기에 조선총독부에서 '토지조사사업'이란 것을 해 우리나라의 많은 농민이 토지를 강제로 빼앗기는 사태가 일어났다. 일부 농민들은 자기가 부치던 토지를 잃고 그 땅을 소작하는 처지로 바뀐다. 소작료도 많이 올라 '토지조사사업' 전과 달리 농사를 지어도 먹고살기가 힘들다. 그때 소작인들의 논두렁콩 심기 이야기가 나온다. 논밭에 농사를 지으면 지주에게 이리저리 절반 이상 빼앗겼으나 논두렁에 심은 콩에는 소작료가 붙지 않아 논두렁콩을 열심히 심어 가꿨다는 가슴 아픈 이야기다. 토지를 빼앗긴 분노와 먹고살기 힘든 현상에 절망한 농민이 수없이 간도와 만주 지방으로 이주하는 현실도 읽을 수 있다. 고향을 떠난다는 것은 삶을 반 정도 포기하는 것과 같았을 것이다. 그들의 처절한 삶의 모습이 눈에 아른댄다.

그때 우리 선조들은 이 땅을 지키려고 싸웠다. 굴욕감과 패배감을, 수치심을 안고 국내에서 중국에서 만주에서 심지어 소련 땅에서까지 일제와 맞서 싸웠다. 비록 소설이란 이름을 달고 있지만, 그 처절한 역사를 보여준 작가가 고맙다. 부모님 잘 만난 덕분에 어릴 때 배고픔을 모르고 자랐다. 초등학교에서 대학교까지 공부하면서 학비 조달의 어려움도 겪지 않았다. 막연하게 타고난 운명이 '행운아'라고 말하며 살아온 세월이 부끄럽다. 어머니는 1912년생이다. 아버지는 어머니보다 두 살 많았다. 인생 전반기가 일제 강점기를 관통했다. 삶의 과정을 기록으로 남기지는 않았지만, 당신들도 소설 속 어느 주인공과 비슷한 삶을 살아왔을 것을 생각하니 눈물이 난다.

나는 『아리랑』을 읽으면서 일제 강점기를 처절한 고통 속에서 위대하게 싸우다 죽어간 많은 조상을 생각하고 또 생각했다. 더운 여름에 책장을 한 장 한 장 넘기며 모진 세월을 살아온 어머니의 모습을, 아버지의 사랑을 생각하며 읽었다. 논두렁콩을 심을 때 어머니의 모습에서 삶이 얼마나 어렵고 힘들었을 것인가를 『아리랑』이란 소설이 깨닫게 해 주었다. 논두렁에 심는 한 포기 한 포기 콩에 정성을 다한 어머니의 삶의 모습이 떠오른다. 무의식 속에서도 삶이 괴롭고 힘들어 스스로 추스르게 했을 것이다.

친구가 고맙다. 덕분에 어린 시절 향수를 맛볼 수 있었다. 이런 분위기에서 하루 정도 지내보는 것도 삶에 활력소가 될 수 있다며 허허 웃던 그의 순진한 웃음이 새롭다. 논두렁에 심어 놓은 콩이 오래 전에 돌아가신 부모님을 생각하게 한다. 더위를 잊기 위해 읽던 소설 『아리랑』을 다시 음미하는 시간도 가졌다. "과거의 사람들이 경험했던 시행착오는 '역사' 속에서 찾을 수 있고, 나와 다른 삶을 살았던 사람들의 삶에 대한 체험은 '문학'에서 찾을 수 있다." 하는 말을 되새기며 더위 속으로 다시 빠져든다. (2021.)

하늘이 준 선물

목련나무 낙엽을 쓸며

 절기는 이제 겨울의 길목으로 접어들고 있다. 쌀쌀한 기운과 함께 초겨울 정취가 물씬 풍긴다. 집 뜰에 놓아둔 화분에서 만추의 국향國香이 부질없는 세상사로 시름에 잠긴 마음을 다독여준다. 이미 금년도 12월이다.
 심은 지 10년이 넘는 목련 한 그루가 마당 구석에 자리 잡고 있다. 올해는 유난히 잎이 무성하여 담장 밖으로 뻗은 가지에서 떨어지는 낙엽이 골목을 어지럽힌다. 처음에는 한 잎 두 잎 떨어지는 낙엽이 가을을 알리는 전령사인 듯 보기 좋고, 바람에 굴러가는 소리도 듣기가 좋았다. 그러나 지금은 그 수효가 많아져 이웃 사람 보기에 미안하여 쓸어버리기로 했다.
 지난봄 다른 수목들이 잎과 꽃을 피우기도 전에 가장 먼저 순백의 하얀 꽃봉오리를 자랑하며, 세상은 이렇게 순순하고 깨끗하게 살아야 한다는 듯 자태를 자랑하다가 눈처럼 하얗게 떨어진 꽃잎을 쓸어버린 기억이 난다.

　그때 난 그 희고 깨끗한 목련꽃을 보면서 누님을 생각했다. 언제나 마음에 여유가 있어, 집안의 여러 가지 어려운 일들을 혼자 걱정하며 인내로 이겨내면서도 얼굴엔 목련꽃 같은 미소를 잃지 않던 누님, 일찍 매형과 사별하고 그 외롭고 긴 고독을 혼자 힘으로 이겨내며 두 남매 잘 키워 모두 출가시키고 만년을 쓸쓸하게 살아가는 누님.

　누님은 우리 집안의 정신적인 기둥이다. 가끔 다니는 절의 주지 스님께 들은 법문에 스스로 감격하여 삶의 자세를 더욱 다독거리는 모습에서 목련꽃보다 더 아름답고 깨끗한 삶의 모습을 찾아볼 수 있다. 엄청 어려운 일을 혼자서 결정하고, 그 일을 마무리하시느라 애쓸 때는 안타까운 생각이 들 때도 있다. 그러나 누님은 언제나 혼자 처리하곤 했다.

　오늘은 목련나무에서 떨어진 낙엽을 쓸면서 신라 때 노래 '제망매가 祭亡妹歌'를 생각했다.

　　생사生死의 길은/ 예 있으매 머뭇거리고,/ 나는 간다는 말도/ 못다 이르고 어찌 갑니까./ 어느 가을 이른 바람에/ 이에 저에 떨어질 잎처럼,/ 한 가지에 나고/ 가는 곳 모르온저./ 아아, 미타찰彌陀刹에서 만날 나/ 도道 닦아 기다리겠노라.

하늘이 준 선물

'위망매영재가爲亡妹營齋歌'라고도 불린 이 노래는 신라 경덕왕 때의 승려 월명사가 죽은 누이를 위해서 제齋를 올릴 때 부른 향가다. 이 노래를 부르자 문득 광풍이 일어나 제단에 놓인 종이돈[紙錢]이 서쪽으로 날아갔다고 한다. 죽은 누이가 그 돈으로 노자를 하게 했다는 것이다. 또 형제를 한 가지에 난 나뭇잎에 비유하고, 누이동생의 죽음을 나뭇잎이 가지에서 떨어져 가는 것에 비유하여 누이를 그리워하며, 미타찰彌陀刹 곧 극락에서 도를 닦아 기다려 달라는 내용이다.

아직 내 누님은 돌아가시지 않았다. 서울에서 살고 있다. 그런데 왜 '제망매가祭亡妹歌'가 생각나는 것일까? 나도 이제 지천명의 나이를 먹게 되니 살아온 세월보다 살아갈 세월이 적게 남았음을 깨닫고 있음이 분명하다. 세상에 영원한 것은 아무것도 없다. 생명이 있는 것만 아니라 생명이 없는 무생물도 영원한 존재란 생각할 수 없다. 처음부터 존재하지 않았는지도 모른다. 그래서 반야심경般若心經에서는 '불생불멸不生不滅'이라 했다.

누님에게 좀 더 잘해 주어야겠다. 순백의 깨끗한 목련꽃, 누렇게 낙엽으로 변해 버린 목련나무의 잎, 어느 하나 영원히 남은 것 없다. 올해의 끝을 알리는 한 장 남는 달력이 오늘따라 별 의미가 없는 것같이 보인다. 골목길에 떨어진 목련나무 낙엽을 쓸면서 삶의 무상함을 다시 한번 실감한다. (2001. 10.)

여명餘命

'가야산 소리길'을 따라 가을을 걷고 있다. 홍류동 계곡에 단풍이 절정이다. 함께한 문우들이 "아! 좋다. 참 잘 왔다."를 연발하며 즐거워한다. 무엇을 생각하고 있을까. 단풍의 아름다움에서 삶의 즐거움을 찾고 있을까. 계곡물의 깨끗함을 보고 앞으로의 여생을 어떻게 살 것인가를 그리고 있을까. 모오리돌처럼 반들반들 닳아가는 바위를 보면서 참고 견딘 세월에서 얻은 행복을 생각하고 있을까.

나무가 계절에 맞추어 마지막 향연을 펼친다. 햇빛을 받으며 단풍 든 잎이 미풍에 하롱하롱 떨어진다. 어느 무용가의 춤이 이보다 아름다울까. 나무와의 이별도 미련이 없는 듯하다. 잎 사이로 비친 햇빛에 계곡물이 반짝반짝 섬광을 일으킨다. 해님도 오염되지 않은 물이 좋은가 보다. 낙엽이 깨끗한 계곡물에 곱게 내려앉더니 곧 여울에 곤두박질친다. 물밑은 잘 다듬어진 반석이다.

계곡 바닥의 바위가 반들반들하다. 돌들도 모오리돌이다. 그 옛날

지각이 일어나 계곡이 처음 생겼을 때는 바닥의 바위도 울퉁불퉁했고, 돌도 물가나 산 중턱에 자리 잡은 모나고 각을 세운 것들과 같았으리라. 계곡물이 참고 견디노라면 언젠가는 둥글고 매끄러운 돌이 될 수 있다며 인간의 셈으로는 헤아릴 수도 없는 오랜 시간 부지런히 어루만지고 다듬었을 것이다. 바위 또한 한곳에 붙박여 움직일 수 없음을 운명으로 받아들이며 흐르는 물의 부드러운 손길을 거부할 수 없었으리라.

오래전 일이다. 아버지께서 흙담으로 지은 시골 초가집을 손보고 있었다. 어둡고 좁은 큰방에 창문을 달아 방을 밝게 하는 작업이다. 어떻게 하든지 경비를 적게 들여 방을 고칠 생각에 창문을 봉창만 하게 만들었다. 그때 나는 도회지에서 고등학교를 다녔다. 마침 일요일이라 집에 와 일을 거들었다. 내 생각은 달랐다. 이왕 방에 창문을 내려면 좀 크게 만들어 방을 환하게 하고 싶었다. 가정 살림에 미치는 경비는 생각하지 않고 창을 크게 달자고 했다. 아버지는 한숨을 몇 번 쉬고 나더니 그럼 네 말대로 하자고 했다. 아버지가 돌아가신 뒤 어머니로부터 그때 아버지의 심정을 들었다. 농사를 지어 도시로 유학 보낸 아들 학비 걱정에 어쨌든 절약할 생각이었다. 그 당시 든 경비가 나의 한 달 하숙비가 되었다고 했다. 그때 아버지는 홍류동 계곡의 물이고 바위였으리라.

'가야산 소리길'에서 여명餘命을 점쳐본다. 인생을 살 만큼 살았지만 아직은 건강하다. 계곡 물속의 바위에서 남은 생을 생각한다. '나도 죽음을 저 물속의 둥글고 매끄러운 바위처럼 인내하며 기다릴 것이다.' 비록 실천할 확률이 낮더라도 이 순간만은 꼭 그렇게 하리라 맹세한다. 가을 단풍을 품고 하늘하늘 흐르는 물속에서 자기의 몸이 닳아 없어지더라도 참고 견딜 바위가 위로한다.

어느 통계자료에 의하면 1937년생인 사람이 100세를 살 수 있는 확률이 남자가 18.6%, 여자가 22.4%라 하고, 1945년생은 남자가 23.4%, 여자가 32.3%라 한다. 내가 언제 이승을 떠날지 모르나 위 통계를 보면 100세까지 살 확률이 23.4%다. 여기에 해당하기라도 한다면 삶이 아직 한참 남았다. 그렇다고 게을러져서는 안 된다. 어느 날 후루룩 이승의 자리를 떠난다 해도 미련이 없어야 한다.

'가야산 소리길'에서 인생의 여백을 생각한다. 여백은 삶을 여유롭게 한다. 마음속의 여백은 눈에 보이지 않는다. 행·불행의 잣대는 내 마음속에 있다. 삶에는 따스한 평화도 있지만 물고 뜯는 싸움도 있다. 그것들에 눈감고 싶다. 더 좋은 것을 갖고 싶고 더 많은 것을 보고 싶어도 절제할 줄 아는 여유를 찾아야겠다. 감정의 소용돌이에서 벗어나지 못하는 긴장의 연속이 있을 수도 있다. 삶에는 목적과 수단이 뒤엉키고 욕망과 이상이 헷갈리는 가운데 수많은 갈등과 오해를 낳기도 한다. 너무 따지면 여백을 잃는다. 그냥 그대로 여백을 즐기고 싶다. 떠나는 것을 아쉬워하지 않는 허허한 낭만을 노래하고 싶다.

하늘이 준 선물

물속의 바위가 인생을 명상하게 한다. 아름다운 자연의 선물이다. 짧은 시간이지만 내 메마른 마음 밭에 정서를 이입시켜 지금까지 깨닫지 못한 삶의 여정을 되돌아보게 한다. 바라볼수록 쓸쓸한 색조나 애잔함의 정조를 깔고 있는 여명에, 어떻게 하면 인생의 끝이 아름다울 수 있는가를 암시한다. 현실을 더욱 사랑해야겠다.

(2014.)

소나무처럼 살고 싶다

"군자의 사귐은 맑기가 물 같고, 소인의 사귐은 달기가 꿀 같다." 명심보감에 나오는 말입니다. 나의 사귐은 '군자'와 '소인' 가운데 어디에 들까? '군자' 쪽이었으면 좋겠습니다.

어제 지리산 대원사를 다녀왔습니다. 주차장에서 들어가는 길이 멀었습니다. 약 1.2km 정도 계곡을 따라 이어지는 길 양쪽으로 아름드리 소나무의 줄기가 붉은빛을 띠고 있었습니다. 하늘을 향해 가지를 마음껏 벌린 모습을 보는 것으로도 기분이 좋았습니다. 적어도 백 년 이상 된 나무들입니다. 어떤 소나무는 낭떠러지 위에 아슬아슬하게 붙어 있고 어떤 것은 바위 위에 용하게도 몸을 붙이고 있었습니다. 뿌리를 어디에 붙이고 사느냐가 문제가 아니라 모두가 나름대로 멋을 부리며 쳐다보는 사람의 기분을 좋게 했습니다.

직장에서 정년 퇴임한 지도 몇 년이 지났습니다. 나도 대원사 입구의 소나무처럼 함께하는 식구는 물론 주위의 모든 사람을 기분 좋게 하는 삶이었으면 합니다. 그렇습니다. 만나는 사람이 그냥 좋아해야 합니다. 나의 어떤 가식이나 달콤한 말 때문이 아니라 그저 좋아져야 합니다.

소나무는 바람 부는 대로 가지를 일렁입니다. 비가 오면 그 자리에서 고스란히 맞습니다. 한여름의 뜨거운 햇볕도 겨울의 찬 눈도 그대로 받아들입니다. 소나무는 선택권이 없습니다. 싫다고 피할 수도 없습니다. 주어진 것이라면 모두 받아들일 수밖에 없습니다. 그렇게 살아왔지만 내 앞을 지나간 사람이나 옆에서 함께 가는 사람이나 뒤를 따라오는 사람이나 모두가 쳐다보고 좋다고 하는군요.

사실 무엇이 좋은지는 물어보지 않았습니다. 그저 좋았으니까요. 나도 어떤 점이 좋은지 말하라면 정확하게 얘기할 수 없습니다. 옆 사람이 좋다고 말하는 것이 있다면 그것에 동의할 것 같지도 않습니다. 소나무는 푸른 하늘을 쳐다보며 바늘잎을 소복이 단 가지를 흔들며 말이 없습니다.

좋은 말과 생각을 나누고 행동을 본받고 서로 본보기가 되는 군자의 사귐은 늘 변함이 없는 물맛과 같다고 합니다. 그들은 늘 물처럼 한 곳으로 흐른다고 합니다. 우리는 만남에서 서로 순간의 즐거움만 찾는다면 언젠가는 그 달콤함에서 헤어나지 못하거나 쉽게 물릴 수 있습니다. 군자와 소인의 차이는 쉬운 듯 어렵지요. 내 생각에는 전자는 소나무이고 후자가 내가 아닌가 합니다.

대원사 입구 소나무가 주위의 다른 나무들과 함께하는 모습이 더욱 아름답게 보입니다. 어느 정도 서로 돕고 필요로 하는지 모릅니다. 내 눈에 같이 살아가고 있으니 더욱 좋게 보였습니다. 나도 생을 다하는 날까지 소나무 같은 존재가 되고 싶습니다. 가만히 기다리는 존재가 아니라 몸과 마음을 갈고 닦아 노력하겠습니다. 주위의 사람들을 기분 좋게 하는 사람이 되도록 오늘도 많이 웃겠습니다. (2018. 10.)

반곡지

 아내와 자연을 찾아 나들이했다. 지난 주일 치유의 글쓰기 반에서 함께 공부하는 회원들과 다녀온 경산 반곡지다. 저수지에 고여 있는 물이 고요한 바람에 잔물결로 일렁인다. 그 위로 유월의 햇살 아래 반짝이는 윤슬이 아름답다. 저수지 물가에 정처 없이 떠돌아다니는 사람의 신세를 비유하는 짙은 녹색을 띤 부평초들이 물결에 몸을 맡기고 있다. 저수지 둑 기슭에는 하얀 꽃을 단 개망초가 초여름의 신록과 잘 어울린다. 평화롭고 고요한 한낮이다.
 아내는 내 손을 꼭 잡고 걷는다. 모처럼 야외로 나들이를 하니 꿈만 같단다. 연초 엉덩관절을 인공 관절로 치환하는 수술을 했다. 지금은 걷기 연습하는 중이다. 올해 일월 초사흗날 수술했으니 오늘이 오 개월째 되는 날이다. 날수로는 일백오십 일이다. 수술받던 첫날 "내가 걸을 수 있겠나. 걸을 수 있다손 치더라도 절룩거리며 걷게 될 텐데…." 하며 아내는 참 많이 걱정했다. 저수지 둑길에 있는 나무와 풀이 예사롭지 않은 듯 어린아이처럼 신기롭게 바라본다.

저수지 둑길에는 우람한 아름드리 왕버들 나무가 늘어서 위용을 자랑한다. 수령이 수십 년 이상 된 듯하다. 나무등치를 덮고 있는 껍질에는 많은 상처를 이겨낸 듯한 흔적이 보인다. 상처는 바람이 줄 수도 있고 사람이 줄 수도 있다. 하나 그 아픈 곳을 어루만지며 회복하는 몫은 나무 자신이다. 옆에 있는 나무나 풀이 대신 아파할 수 없다. 상흔의 크기에 따라 많은 시간 괴로움과 아픔을 참으며 혼자 싸웠을 것이다. 곁눈질로 아내를 본다. 아직은 발걸음이 완전하지 못하다. 그동안 저 왕버들 나무들처럼 혼자 견뎌 왔을 것을 생각하니 안타깝다. 이것도 마음뿐이다. 내가 대신 아파준 일도 회복하는 데 직접적으로 관여할 능력도 없었기 때문이다.

저수지의 물과 왕버들은 궁합이 잘 맞는 듯하다. 움직일 수 없는 운명을 가진 나무는 어디에 자리를 잡느냐에 따라 삶의 질이 결정된다. 물을 좋아하는 나무가 저수지 가에 살고 있음은 명당이란 생각이다. 바람이 불 때마다 공기의 촉촉함과 나뭇잎에서 풍기는 상쾌한 느낌이 신비롭다. 편안함이란 말이 생각난다. 누구의 도움도 받지 않고 어떤 인공적인 장치도 없이 그냥 쳐다보며 깊게 숨을 쉰다. 어떤 나무는 늘어진 가지가 누워 저수지 물에 곧 닿을 듯하다. 그 모양이 불안하거나 가련하지 않다. 산전수전 삶의 고비를 이기며 살아온 노인의 모습이다. 아내의 표정도 편안해 보인다. 다행이다. 왕버들이 주는 편안함을 이심전심으로 느끼고 있나 보다.

　지난주 함께한 치유의 글쓰기 교실 문우들과 '야외 수업'이란 명분으로 여기를 찾았다. 빠른 변화 속에 사는 현대인은 자기를 돌볼 기회마저 잃어 가고 있다. 자연 속에서 잠시 멈추고 삶의 여정을 돌아볼 시간을 가지기 위해서다. 사람이 살면서 마음 치유를 필요할 때가 왕버들 나뭇잎만큼이나 많다는 생각이다. 하루에도 몇 번씩 상처받으면서 스스로 치료 방법을 찾아 위로하며 산다.

　마음 치유를 위한 글쓰기를 생각해 본다. 치유의 글쓰기 교실 문우들과 같이 공부하고 있는 자서전 쓰기다. 문우들은 치료해야 할 마음의 상처가 깊고 복잡하게 얽혀 있을 때 그 원인과 현재 상황을 글로 적어보는 것만으로도 상당한 효과가 있음을 알고 있다. 자서전 쓰기는 긴 인생 여정에서 자신의 복잡한 삶의 과정을 정리해 보는 것이다. 다소 개인차는 있겠으나 삶의 중간중간 삶을 기록하는 것만으로도 미래의 삶에 새로운 목표를 세우고 재정리하는 데 도움이 된다.

　함께 온 문우들을 본다. 왕버들 나무 한 그루 한 그루가 삶이 다르듯 이들의 삶의 여정도 달랐을 것이다. 오늘은 늙은 왕버들 나무에 동화되어 감탄사를 연발한다. 움직일 수 없어 자기가 살 자리를 마음대로 옮길 수 없어도 그 풍경과 그늘만으로도 먼 길 마다하지 않고 오는 관광객을 맞이한다. 삶이 참 순진무구하고 점잖다는 생각이다. '미움받지 않는 삶'을 영위하고 있다. 이런 삶은 능력이 뛰어나서도 아니고, 빼어난 주위 환경 탓도 아닌 듯하다. 오직 주어진 삶에 순응하며 무수한 시련을 인내하며 산 결과일 것이다. 저수지 주위에는 문우들 외에 어머니와 다리에 깁스한 딸인 듯한 두 여인도 있고, 연인으로 보이는 젊은이 한 쌍도 보인다. 일가친척이 아니면 어느 계 모임에서 온 듯한 한 무리의 남녀도 있다. 저수지의 물과 왕버들과 관광객이 어울려 한 폭의 그림이다.

  오늘 아내와 함께한 반곡지 나들이가 뜻깊다. 지난주 치유의 글쓰기 교실 문우들과 다녀온 뒤 한 주 만에 다시 찾았다. 저수지 둑의 오래된 왕버들 나무에 이끌려 왔다. 아내에게 좋은 치료제가 되었으면 한다. 인내하며 살아가는 왕버들 둥치의 상처 흔적을 통해 지난 오 개월의 고통이 앞으로 삶을 더욱 알차게 살 수 있겠다는 희망으로 남기를 기대해 본다. (2021.)

하늘이 준 선물

날씨가 시원하고 하늘이 높아졌다. 대구 두류공원에 테니스장이 있다. 일주일에 서너 번씩 아침마다 공을 친다. 코로나19로 문을 열었다 닫기를 반복했다. 세월의 흐름은 막을 수 없다. 요즘 며칠 아침 공기가 상쾌하다. 그 사이 태풍도 지나갔고 코로나19로 목숨을 잃은 사람도 있었다. 지난해 국제경기를 할 수 있게 보수한 테니스 코트가 하루의 시작에 새로움을 더한다. 발바닥으로 전해오는 코트의 감촉이 좋다. 여전히 가을 하늘은 높고 푸르다.

"한세상 살 바엔 즐기고 신나게 살았으면 좋겠는데."

서울 사는 친구의 카톡 문자다. 전에도 여러 차례 코로나19 시국을 원망하는 문자를 보내왔었다. 나는 다음과 같이 답했다. "신나게 살고 싶은가? 지금 펜을 들고 신나게 살 목록을 적어보시게. 열 개도 적을 것이 없네. 지금 사는 것이 모두 신나는 것이라네. 지금 하는 일이 신난다고 생각하면 신나는 것이고, 짜증 나고 고통스럽다고 생각하면 모두가 괴롭지 않겠나. 푸른 하늘 한번 쳐다보는 것도 신나는 일이지. 자네는 지금껏 신나고 즐겁게 살고 있다네. 친구야!" 정답도 위로도 될 수 없는 글을 보냈다.

'하늘 한번 보는 것'도 신나게 사는 일이라고 했다. 솔직하게 말하면 나도 마음이 괴롭거나 짜증 나는 일이 생길 때 하늘을 보지 않았다. 친구에게는 왜 그런 말을 했을까? 오늘 아침 공원 테니스장에서 본 하늘이 청량淸凉한 가을 날씨다. 하늘이 연초부터 매일 가슴 졸이게 하던 코로나19를 잊게 했다. 가만히 두어도 세월은 가는데 신은 왜 코로나19란 역병으로 마음 졸이게 하는지 이유를 찾지 못하겠다. 안타깝다.

아마 지난해 춘천 가는 버스 안에서 차창 너머로 본 하늘 때문이 아닐까. 시월의 가을 하늘이 아름답다. 차창 밖 하늘에 흰 구름이 드문드문 떠 있다. 흔히들 구름을 인생무상에 비유하지만, 오늘 본 하늘은 다르다. 높이를 알 수 없는 푸른 하늘에 구름이 없다면 얼마나 허전할까.

대구에서 춘천 가는 시간을 일생에 비하면 짧지만, 생애 속에 이런 순간을 누릴 수 있음은 꿈같다. 문학기행에 참여하기까지는 참으로 많이 갈등했다. 떠나오고 보니 아무것도 아닌 것을. 지금 생각하니 꼭 오늘 하지 않아도 될 일이고, 앞으로 영원히 하지 않아도 삶에 큰 영향을 주지 않을 것들이다. 어쩌면 여기 오느라 못 한 일이 미래에 꼭 나쁜 결과를 가져올 것 같지도 크게 긍정적으로 다가오지도 않을 것 같다. 오늘 못 한 볼일 몇 가지를 두고 걱정한 것이 모두 헛것임을 느낀다. 하늘

하늘이 준 선물

이 위로한다. 가끔 마음이 복잡고 미래가 보이지 않을 때는 자기를 쳐다보라고.

 지금 상상의 벽 속에 갇혀 있다. 누구도 범할 수 없는 나만의 감옥일 수도 있다. 사람의 가치는 사회적 질서 속에서 어디에 속해 있고 어떤 일을 하느냐에 따라 달라진다. 또 함께하는 사람이 무엇을 어떻게 말하느냐에 따라 결정될 수 있다. 오늘은 모두가 별로 상관이 없다. 지금 몸은 관광버스 속에 있으나 마음은 혼자다. 나의 진정한 가치도 나만이 알 뿐이다. 차창 밖 푸른 하늘에 삶에 대한 상상이 춤추고 있다.

 하늘이 아름다운 것은 푸르름에 흰 뭉게구름이 둥실둥실 떠 있기 때문만은 아니다. 과거와 미래에서 단절된 현재란 시간 속 하늘만 보기 때문이다. 아름다움은 과거에서 찾고 두려움은 미래에 숨어 있다고 한다. 괴롭거나 힘들었던 시간도 지나가면 존재하지 않는다. 결과와 관계없이 아름다운 시간으로 포장되어 가슴속에 남는다. 거기에 즐겁고 아름다운 과거가 그대로 더해질 때 행복을 느낀다. 두려운 것은 미래의 시간이다. 미래는 불확실하다. 어떤 일이 어디에서 어떻게 일어날지 모른다. 인생은 예정된 길로만 가는 것이 아니다. 럭비공처럼 어디로 튈지 모른다. 그래서 두렵다.

 과거와 미래는 잊고 지금 시간만 즐긴다는 것은 행복이다. 나옹선사는 푸른 하늘을 보고 "창공이 나에게 티 없이 살라 하네[蒼空兮要我以無垢]" 했다. 또 윤동주 시인은 서시에서 "죽는 날까지 하늘을 우러러

한 점 부끄러움 없기를" 노래했다. 선사의 깊은 뜻까지는 따라가지 못한다 해도 푸른 하늘처럼 깨끗하게 살기를 기도할 뿐이다. 윤 시인처럼 부끄러움 없이 살 자신은 없지만 그렇게 살도록 노력하고 싶다.

　문학기행 행사에 참여할 것이냐, 참여하지 않을 것이냐를 두고 고민하며 괴로워한 것을 하늘이 해결해 주었다. 흰 구름이 여러 가지 모양으로 변하는 것은 하늘의 바람 때문이기도 하고 관광버스의 달리는 속도에 바뀐 시점 때문이기도 하다. 그러나 지금은 생각이 좀 다르다. 이 순간 구름이 변하는 형상은 내 마음이다. 출발 전까지만 해도 이렇게 빨리 마음이 평안해지고 기분이 좋아질 줄 몰랐다. 끝도 없고 형체도 없는 하늘이 준 선물이다. (2020.)

봉선화

　행운은 예상하지 않은 곳에서도 만날 수 있다. 보름 전쯤이다. 마당 청소를 하다 장미 넝쿨 아래 버려진 화분에 잡초와 같이 자라는 화초를 발견했다. 풀들과 경쟁하느라 줄기가 가늘고 웃자라 금방이라도 바람에 넘어질 듯 나약했다. 자세히 보니 봉선화다. 지난해 심은 분에서 씨앗을 떨구어 추운 겨울을 용하게 견디고 싹을 틔웠다. 물 한 번 주지 않았는데 어떻게…. 생명의 경이로움을 본다. 꽤 여러 포기다.

　실한 것만 골라 두 분에 옮겨 심었다. 각각 세 포기 두 포기로 나누었다. 그때만 해도 살아 예쁜 꽃을 피우리라고 생각하지 못했다. 어린 시절을 농촌에서 보내 식물 키우는 재미는 알고 있었지만 크게 기대하지는 않았다. 화초 분갈이용 거름을 주고 물을 주며 정성을 쏟았다. 하루가 다르게 이파리에 윤기가 나고, 줄기가 튼튼해졌다. 성의에 보답이라도 하듯 잘 자랐다. 매일 쳐다보는 재미가 쏠쏠했다.

　며칠 전부터 봉선화가 꽃을 피우기 시작했다. 아침마다 거실 창문을 열고 한참씩 바라보니 생각이 깊어진다. '지난해 꽃을 본 후 너의 존재를 잊고 있어 미안하다. 인간이란 이렇게 간사한 동물이다. 우연히 다시 만나 고맙다. 매일 아침 너를 보는 재미가 내 삶에 활력소다. 인연이란 이런 것인가 보다. 살며 어느 순간 잊었다가 다시 생각이 나고, 다시는 보지 못할 듯싶다가도 엉뚱하게 만난다. 너는 지난해와 다름없이 분홍색 웃음으로 다가오지만 나는 그사이 일 년이나 더 늙었다. 너 보기는 어떨는지 모르나 내가 네게 마음 쓴 지난해와 같으니 올해도 곱고 아름다운 꽃으로 내 마음을 정화해 주기 바란다.'

아무런 일 없었다는 듯이 봉선화는 분에서 꽃도 피우고 바람에 꽃잎도 팔랑인다. 제법 많이 자랐다. 버팀대를 세우고 거름을 더 주었다. 바람에 줄기가 넘어지거나, 꽃을 피우는 데 에너지가 더 필요할까 싶어서다. 오늘 아침엔 생기가 있고 발랄하게 보인다. 가까이 다가가 꽃송이가 몇 개인지 헤아려 본다. 하루가 다르게 송이가 늘어난다. 정성을 쏟는 만큼 웃는 모습이 환하다. 봉선화다운 모습을 보이며 삶의 가치가 어떤 것인가를 보여 준다. 세상살이도 같다며, 내게 일상에도 좀 더 정성을 쏟으란다.

봉선화 꽃에서 어머니와 누나가 보인다. 봄철 농번기가 지나고 초여름 농한기가 오면 마당 가 담장 밑에서 연분홍 꽃을 달기 시작한다. 활짝 핀 꽃을 따서 소금과 함께 찧어 손톱에 붙여 두면 붉은 물이 든다. 붉은색으로 곱게 물든 손톱을 보며 환하게 웃음 짓던 모습이 그립다.

지금은 그 얼굴을 볼 수 없다. 어머니는 돌아가신 지 십여 년이 되었고, 누나도 나이 팔십 넘은 노인으로 멀리 경기도 가평에 산다.

우리 집은 농사를 지었다. 어머니는 마당의 담장 밑에 심어 놓은 봉선화에 암탉이 병아리를 데리고 가 꽃을 망가트리면 몹시 안타까워했다. 누나는 어머니 치맛자락을 잡고 따라다니며 손톱에 꽃물을 들여 달라며 졸랐다. 지금은 두 분 다 봉선화 꽃 속에 추억으로 남아 있다. 보고 싶고 그리운 어머니와 누나를 생각하게 한 꽃, 봉선화가 고맙다.

봉선화는 '나다움'을 지키며 연분홍 웃음을 짓는다. 아침부터 내 마음을 어루만지며 하루의 출발을 가볍게 한다. 헌 화분에서 새로운 삶을 시작하게 한 보답이 과분하다. 처음 분에 옮겨 심을 때 정성을 쏟은 것 외는 별로 도운 게 없다. 가끔 물을 주고, 바람에 넘어지지 않게 지주를 세웠을 뿐이다. 자신의 분수와 형편에 맞게 자라는 봉선화의 겸손을 본다.

오늘 아침에는 봉선화가 내일이 어떻게 될지 모르니 '지금·여기'를 열심히 살아가라며 웃는다. 사물을 보는 방법은 하나가 아니다. 여러 각도와 고도, 거리에 따라 달라진다. 다양한 관점에서 사물을 본다는 것은 편견 없이 대상을 보는 것이며 객관적인 태도를 보이는 것이다. 지난여름 봉선화 꽃씨가 영글었을 때 그 씨를 받아 보관하지 않을 정도로 무심했던 나다.

괜스레 기분이 좋다. 아침마다 분홍색 꽃을 맞는다. 작은 봉선화 몇 포기가 기쁨을 준다. 거실 창문을 열면 바로 보인다. 벌써 열흘이 넘었다. 예상보다 개화기가 길다. 아침 햇살을 받으며 세풍에도 꽃잎을 흔들면서 웃는다. 나도 매일 만나는 지인에게 웃음을 줘야겠다. 지난겨울의 모진 추위를 이기고 다시 만난 것은 큰 인연이다. 올여름의 시작이 봉선화 꽃으로 행복하다. (2018.)

행복한 삶 아름다운 삶

하늘이 유난히 푸르고 아름답게 보인다. 더 멀리 더 넓은 하늘을 보고 싶어 마을 뒷동산으로 올라갔다. 언덕길 옆 풀숲에 이름을 알 수 없는 풀꽃이 피었다. 하얀 풀꽃이 아무도 보는 이 없는 비탈진 곳에서 가만히 웃고 있다. 가냘픈 모습으로 보일 듯 말 듯 숨어 행복한 표정을 짓고 있다.

한때는 비가 오지 않아 목마름도 참아야 했고, 때로는 비가 너무 많이 와 습하고 습한 곳에서 인내하며, 조용히 자신의 성취 의욕을 불태워야 했을 것이다. 바람이 몹시 불어 몸을 가누기 힘들 때는 하늘을 원망하기도 하고, 무심코 지나가는 사람에게 밟힐 때는 움직이지 못하고 한곳에 붙박여 살 수밖에 없는 신세를 한탄하기도 했을 것이다.

마침내 풀꽃은 하얀색의 꽃을 피웠다. 구름 한 점 없는 푸른 하늘에서 동그란 해가 비추는 알맞게 따뜻한 햇볕을 음미하며 행복감에 젖어 있다. 풀꽃이 속삭인다. "나를 찾아 주어 고맙습니다." 얼마나 다정한 인사인가? 나를 바라보며 살며시 웃는다. 진실하고 가치 있는 삶이 어떤 것인가를 무언으로 말해 준다. 행복한 삶, 아름다운 삶이란 야단스러운 것이 아니라고, 겸손의 화신化身처럼 보일 듯 말 듯 한 미소로 보여 준다.

　나도 인생을 저 이름 모를 풀꽃처럼 초연超然하게 살고 싶다. 알아주는 사람이 없더라도, 보는 사람이 없어도, 내게 주어진 일을 말없이 실천해야겠다. 하찮은 일에도 성심성의를 다하고, 작은 성취에도 기쁨을 누리며 좋아할 수 있는 여유로움을 가지고 싶다.

　어디서 불어오는 바람일까. 하얀 풀꽃을 솔솔 간질이며 지나가나 보다. 풀꽃이 몸을 비틀며 웃음을 짓는다. 하얀 얼굴을 다른 풀 뒤로 숨겼다 내밀었다 한다. 맑고 고운 얼굴이 평화롭다. 왜 풀꽃의 모양이 아름답지 않고, 색깔이 화려해 보이지 않는지 알 것 같다. 행복한 삶이란 아름다운 삶이란 바로 이 풀꽃과 같은 것이 아닐까?

　누가 이 세상을 고난과 고통으로 가득하다고 했는가? 이름 없는 풀꽃을 보면서 내 마음도 아직 밝고 아름다움이 남아 있다는 생각이다. 푸른 하늘을 쳐다본다. 아! 푸른 하늘이 저렇게 아름다울 수 있을까?

(2001. 9.)

행복하게 살기

서제막급*

지상철 3호선 ○○역이다. 싸늘한 날씨에 승객들이 웅크린 채 옷깃을 여미며 '하늘 열차'가 오기를 기다린다. 바람이 싸늘하다. 추위에 발을 구르며 나도 전동차가 들어오는 쪽을 무심히 바라본다.
"참 멋있습니다."
앞에 서 있던 사람이 나를 쳐다보며 한 말이다. 웃음 가득한 얼굴에 여유가 있어 보이는 남자다. 자주 듣지 못한 황당무계한 말에 얼굴이 붉어진다. 고맙다는 답례를 하고 그를 찬찬히 봤다. 표정이 매우 순수해 보인다. 나이가 육십 대 초반쯤 될 성싶고 옷차림이 단정하다. 목에 주황색 목도리를 두르고 작은 손가방을 들고 있다.
별생각이 다 든다. 초면에 웬 칭찬을…. 긴장하는 순간 머릿속이 복잡하다. 길거리에서 말쑥하게 차려입은 사람이 난처한 표정을 지으면서 차비가 모자란다면서 돈을 빌려 달라거나, 조금 남루한 옷차림을 한 사람이 손을 내밀면서 배가 고파 죽겠다고 한 푼 보태 달라는 말은 들어봤다. 나를 보고 멋있다거나 잘났다 하는 말은 들어 본 적이 없다. 조금 의심쩍은 눈으로 쳐다봤으나 그는 태연하다. 계속 나를 보고 있더니 또 한마디 한다.

"교장 선생님 같습니다."

"학교에서 아이들 가르치다가 정년퇴직했습니다."

사람의 인품은 얼굴에 밴다고 한다. 자기 생각에 확신이 생긴 듯 참 평온해 보인다며 칭찬이 이어진다. 당황스럽기는 해도 기분은 나쁘지 않다. 칭찬에는 고래도 춤춘다고 하지 않는가. 대답할 말을 잊고 좋은 마음은 숨긴 채 웃기만 했다. "제자들이 자주 찾아옵니까?" 하고 또 묻는다.

참 그렇다. 한동안 찾아오던 그들이 요즈음은 뜸하다. 40대에서 50대 초반 한창 일할 나이 때는 자주 연락하더니, 직장에서 물러날 나이가 되니 마음의 여유가 없는지 소식이 드물다. 한때는 자신들 모임에도 초대하고 명절이 다가오면 안부 전화도 왔었는데. 갑자기 그들의 얼굴이 떠오르며 궁금하다. 시간이 많은 내가 먼저 연락할 수도 있었는데 너무 무심하게 보냈다. 미안하다. 몸은 자꾸만 늙어 가고 마음은 점점 소심해진다. 어디에 있건 무엇을 하건 몸 건강히 마음 편하게 지내고 있기를 바랄 뿐이다.

전동차가 승강장으로 들어온다. 한 무리 승객이 내리고 기다리던 승객이 열차를 탄다. 멋있다고 하던 그가 내게 눈으로 승차하기를 권한다. 나는 빈자리를 찾아 앉고 그는 문 앞에 바짝 붙어 서서 아까처럼 환하게 웃음을 보낸다. 한 정거장을 오니 눈인사하고 내렸다. 그와 나는 오늘 처음 만났다. 깊은 대화를 나누지도 않았다. 그는 그저 나를 보고 "참 멋있습니다." 한 후 칭찬 몇 마디를 더 보냈으나 나는 웃는 얼굴로 그를 쳐다본 것이 전부다.

그는 나에게 물질적으로 아무것도 주지 않았다. 나도 그에게 준 것이 없다. 만남도 아주 짧은 시간이다. 둘은 태어나 지금껏 생면부지로 지내다가 잠시 웃음을 나눈 사이일 뿐이다. 그런데 그의 웃음은 나를 행복하게 해 준 꽃이 되었다. 웃음꽃으로 오늘 하루 나의 마음을 따뜻하게 했다. 인연이란 말이 생각난다.

인연은 마음으로 만나고 몸으로 만나고 눈으로 만난다고 한다. 그와 만남은 어떤 인연일까. 답을 찾을 수 없다. 그래도 오랜 만남을 가진 사람보다 더 가슴에 남는 것은 그의 순수함이 아닐까. 거기에 보고 느낀 대로 표현할 수 있는 용기를 가졌다. 그가 내게 마음으로 느끼고 그냥 지나쳤다면 내 가슴에 아무것도 남은 것이 없을 것이다. 좋은 것은 좋고 싫은 것은 싫다고 말할 때 좋은 것은 더 좋아지고 싫은 것은 개선될 수 있다.

집에 와서 아내에게 ○○역 이야기를 했다. 그 사람이 사람 볼 줄 모른다나. 당신 보고 '멋있다' 했다면 무엇인가 숨은 뜻이 있을 것이다. 시간이 모자라 그 정도로 끝이 났다면서 조심하란다. 나는 화를 내고 말았다. 우선 그가 사람 볼 줄 모른다는 것은 내가 멋없다는 뜻이니 싫고, 사람의 마음을 액면 그대로 받아들이지 않는 순수하지 못한 마음이 성나게 했다. 갑작스러운 나의 대응에 잠시 주춤하더니 한마디 더 했다.

"당신은 그 사람에게 어떤 칭찬을 해 주었나요?"

얼굴이 확 달아오른다. 그렇다. 생각하니 아무런 말도 하지 않았다. 그에게 상응하는 칭찬을 충분히 할 수 있었는데. 단정한 옷차림이나 순수해 보인 표정, 자기감정을 솔직하게 표현하는 적극성 등 생각하니 칭찬할 것이 너무 많다. 그러나 그는 가고 없고 만날 기약도 없다. 서제막급噬臍莫及이다. 남으로부터 사랑을 받으려고만 했다. 사랑은 베푸는 것이라 했는데. 칭찬, 아무리 후하게 해도 손해 볼 것 없지 않은가. 나는 아내도, 그도 따라갈 수 없는 부족한 사람인가 보다. (2019.)

* 서제막급噬臍莫及 : 이미 저지른 잘못에 대하여 후회하여도 소용이 없음을 이르는 말. 사람에게 잡힌 사향노루가 배꼽의 향내 때문에 잡혔다고 제 배꼽을 물어뜯었다는 데서 유래한다.

참 어려운 선택

출근을 위해 일상대로 길을 나선다. 골목길을 나와 큰길로 접어들었다. 차량이 평상시보다 많이 붐비고 있다. 그렇다. 오늘이 고등학교 3학년 대학수학능력시험이 있는 날이다. 집 아이들이 고등학교에 다닐 때는 대학 입시와 관련이 있는 것이면 사소할지라도 모두 챙겼다. 모두 대학을 졸업하니, 오늘이 수능시험이 있는 날인 줄도 몰랐다. 참 무심하다. 출근하기가 쉽지 않겠다고 생각하니 공연히 마음이 바빠진다.

어느 길이 시간이 절약될까? 직장까지 갈 수 있는 몇 갈래 길을 생각해 본다. ○○광장 쪽에는 ○○고등학교가 있고, ○○사거리 쪽에는 ○○여자고등학교가 있으니, 길은 좁지만 고등학교가 없는 ○○사거리 쪽으로 방향을 잡고 들어섰다. 그러나 이곳 또한 만만치가 않다. 차의 속도가 느려지고, 출근 시각이 임박해 오니 후회가 되기 시작한다. 평상시에 다니던 대로 갔으면 길이 덜 막혔을지도 모른다는 생각이다. 바보같이 차량이 이렇게 많이 쏟아진 길로 들어서 아까운 시간을 보낸다고 생각하니 더욱 후회스럽다.

　오늘만은 아니다. 사실 길을 걷다가 어느 쪽으로 발길을 돌려야 할지 모를 때가 있다. 꼭 어떤 목표를 두고 가는 길이 아닐 때 더욱 방향을 잡기가 어렵다. 가야 할 방향과 가고 싶지 않은 방향을 사이에 두고 많이 망설인다. 이럴 때는 대체로 즉흥적인 판단에 따라 길을 선택한다.

　지난달 어느 화창한 휴일, 단풍 구경 가자는 집사람의 제의를 거절할 수 없어 팔공산 나들이를 했다. 다행히 선택한 길이 막히지 않고 잘 트여 즐겁게 갈 수 있었다. 형형색색으로 물든 가을 산의 아름다움을 가슴에 가득 담고 기분 좋게, 즐거운 마음으로 돌아올 때가 문제였다. 길이 참으로 많이 막히고 있다. 어떤 길을 선택하여 집으로 갈 것인가를 두고 부부 의견이 달랐다.

　엿장수 마음대로란 말처럼 운전대를 잡은 내 멋대로 길을 선택했다. 길이 많이 막혔다. 움직이는 시간보다 멈춰 선 시간이 길어지기를 반복하자, 옆에 앉은 아내가 가자고 하는 길로 가지 않았다며 원망이다. 가만히 듣고 있으니 원성이 점점 높아진다. 드디어 나들이 온 사람들이 많아 길이 막히는 것이 아니라 내가 길을 잘못 선택하여 늦어지고 있는 것처럼 말한다.

　생각에는 아내가 선택한 길로 가더라도 쉽게 갈 수 없을 것 같다. 올해 들어 가장 많은 사람이 단풍 구경에 나섰다는 오늘, 어찌 가고 있는 이 길만 밀리고 있겠는가? 몇 번인가 설명에도 아내는 아니란다. 사탕을 먹고 쓰다는 사람을 이길 수 없어 그날 단풍 구경은 귀갓길 때문에 끝이 좋지 못했다.

오늘도 다른 길에는 차량이 적어 훨씬 쉽게 갈 수 있다는 생각이 머리에서 떠나지 않는다. 하지만 다시 그 길로 갈 수 없다. 이 길에서 안전하게 기분 상하지 않게 갈 방법을 찾아야 한다. 라디오 채널도 이리저리 돌려보고 소리의 크기도 조정해 본다. 라디오에서 수능시험 치는 학생들에게 길을 배려해 줄 것을 강조하고 있다. 차창 밖의 차마다 젊은 청년을 한 사람씩 태우고 있다. 나보다 저들이 더 바쁘지 않겠나 생각하니 마음이 조금 편안해진다. 시험을 보는 학생들이 자신의 실력을 한껏 발휘해 좋은 결과를 얻어, 원하는 대학에 모두 갈 수 있기를 기원해 본다.

가 보지 못한 길에 더 많은 꽃이 있을지도 모른다 생각하며 살아왔다. 하지만 이미 지나온 길로 다시 돌아갈 수 없다. 가고 있는 이 길에 더 많은 꽃씨를 심고 가꾸어 아름답고 고운 꽃을 피워 행복한 나비가 될 수 있도록 해야겠다. 지금 가는 길이 가장 빨리 직장까지 갈 수 있는 길이라 생각하고 천천히 여유를 갖고 운전할 생각이다.

젊은 시절 교직을 선택했을 때 능력 있고, 똑똑한 동료들이 잘못 들어온 길이라고 다른 직장을 찾아 떠났다. 부러운 눈으로 그들을 바라봤다. 세월이 흘러 90년대 말 우리나라에 '아이엠에프IMF'라는 경제 위기가 왔다. 그 후 계속 나라 사정이 좋지 않아, 다른 길로 떠난 그들이 직장에서 밀려나는 현상이 일어났다. 나는 아직 현직에서 일하지 않는가.

  그때 무엇을, 왜, 부러워했는지 잘 알지 못한다. 그냥 앞만 보고 걸어왔다. 오늘 내가 택한 이 길도 많이 막혀 짜증 나게 할지라도 현명한 선택이라 생각하고, 후회하지 않고 인내해야겠다. 차가 조금씩 조금씩 움직이고 있지 않은가?(2004. 11.)

식당에서 만난 노인

"이야기가 참 재미있습니다. 나도 좀 들어도 되겠습니까?" 얼굴이 깡마르고 턱이 앞으로 튀어나온 듯한 노인이 우리가 술을 마시고 있던 식당 옆자리에서 혼자 식사하고 있었다. 옆에 까만 가방을 놓고 단정히 앉아 뚝배기 그릇을 기울이며 숟가락으로 마지막 국물을 맛있게 먹는다.

"예, 좋습니다. 뭐 별것 아닌 이야기 하고 있는데요." 하는 대답에는 상관없다는 듯 우리 자리로 와 합석한다. 가까이서 보니 얼굴에 '외로움'이 묻어 있는 듯하다. 멋쩍게 웃으며 나이는 일흔아홉이고, 석 달 전에 아내를 잃었단다.

우리의 화제는 '어머니'였다. 최 선생은 나이가 일흔둘이다. 예순여덟 해를 살다 돌아가신 선비에 대한 그리움을 토로하면서, 살아 계실 때 잘 모시란다. 사람들이 자기 어머니 이야기를 할 때마다 선비가 보고 싶고 그리워 가슴이 멘단다. 나를 보고 자당이 생존해 계시는 것이 부럽다면서 소주를 거푸 마신다.

이 선생은 예순여섯 살이다. 어머니의 연세가 아흔다섯으로 오른쪽 수족을 제대로 쓸 수 없어 2년 전부터 대소변을 받아내고 있다. 말이 쉬워 2년이지 솔직히 몹시 힘이 든다. 어머니를 수발하는 아내가 안쓰럽다며 의미심장한 웃음을 짓는다. 노인 병원에 모시자는 의견에 시동생과 시누이가 있는데 어떻게 우리가 좀 편하게 지내자고 병원에 모실 수가 있느냐? 그들이 먼저 말하기 전에는 절대 병원 이야기는 꺼내지도 못하게 한다면서 이러지도 저러지도 못해 답답하단다. 그러면서도 체념 섞인 말로 "살면 얼마나 더 사시겠나?" 어머니 잘 모시기가 정말 어렵다고 고개를 흔든다.

내 어머니는 나이가 아흔여덟이다. 오 년 전부터 노인 병원에 모신다. 입원하기 전에는 치매가 있어 아내와 내가 수발하느라 많은 갈등을 겪었다. 직접 병구완해 보지 않은 사람은 이해 못 할 어려움이 많다. 결과론이지만 그때의 선택이 크게 잘못되지 않았다는 의견을 제시했다.

6개월 전부터 입으로 아무것도 먹지 못해 코에 호스를 달아 미음을 넣고 있다. 지금은 찾아가도 내가 누구인지 알아보지 못한다. 오랜 병상 생활로 등에 여기저기 상처가 나 치료를 받고 있다. 살이란 살은 모두 빠져 뼈에 살갗만 붙었다. 바라보기가 안쓰럽다. 일주일에 한 번씩 곁에서 얼굴만 쳐다보다 온다. 삶이 얼마나 고통스러울까. 살아 있어도 산 것이 아니다. 내 판단에는 아무리 의술이 좋아도 전처럼 건강이 회복되기는 힘들 것 같다.

어머니의 웃음을 못 본 지가 오래다. 애처롭다. 불쌍하다는 생각밖에 들지 않는다. 사람들은 어버이가 돌아가시고 나면 살아생전에 잘해 드리지 못한 일을 한으로 삼는데 나는 어머니가 계시는데도 아무것도 못 해 드리고 있다. 내가 무능한 것인지 인간으로서 한계인지 답을 찾을 길 없다.

내 어머니 이야기에 분위기가 숙연해졌다. 요약하자니 간단한 것처럼 보이나 우리는 한 시간 이상이나 이 문제를 두고 서로 '맞다' 맞장구를 치기도 했고, 그건 아니라고, 잘못된 생각이라고 왈가왈부도 했다.

옆 좌석 노인은 아무 말도 없이 우리 이야기를 듣고 있더니 자신도 아들딸 다섯 남매가 있으나, 처와 둘이 살다 지금은 혼자 끼니를 끓여 먹고 있다며 한숨을 쉰다.

이 선생은 노인께 나도 어머니 모시고 있지만, 자식 믿을 것 아무것도 없다면서 갖고 계신 재산 있으면 죽을 때까지 자식들 주지 말고 잘 챙겨야 한다고 한다. 듣고 있던 노인의 얼굴이 약간 긴장되고 있는 듯 보였다.

최 선생은 노인께 오늘 왜 혼자 식사하느냐? 친구들과 같이 드시면 얼마나 좋습니까? 친구들을 위해 돈을 좀 쓰란다. 여유가 있으면 주위의 어려운 이웃을 위해 많이 베푸십시오. 앞으로 여생을 즐겁고 보람

있게 보내기 위해서는 돈을 쓸 줄 알아야 한다고 강조한다. 노인이 "뭐 그렇게 쓸 돈이 있나, 많이 베풀면 좋기는 좋지만…." 허허, 하며 천장을 쳐다보고 웃는다.

나도 한마디 거들었다. 만약 자식들이 어르신을 섭섭하게 하는 일이 있다면 당당하게 불러 이야기하십시오. 아이들이 알아서 하겠지 하고 기다리다간 하세월이다. 자식들이 아무리 효자라도 어르신 마음 알아서 돌볼 수 없다. 요구할 것이 있으면 요구하고, 잘못이 있으면 그때그때 호되게 나무라야 한다. 어르신 마음이 자식들에게 전달될 수 있도록 가르쳐야 한다고 했다. 노인이 갑자기 눈에 힘을 주며 "말한다고 들어줄까?" 들릴 듯 말 듯 혼자 중얼거린다.

마지막 소주잔을 기울이며 심심하기도 하고, 이야기가 재미있어 염치없이 좌석에 끼어들었다며, 잔을 놓고 안주도 들지 않고 손으로 입을 쓱 문지른다. 세상을 살아도 우리보다 더 많이 살았는데. 우리는 세 사람이고 노인은 혼자라고 너무 호기를 부린 것이 아닌지. 부슬부슬 내리는 장맛비 속에 작은 체구를 우산에 숨기고 걸어가는 뒷모습이 쓸쓸해 보인다. (2009. 10.)

아파트와 인연

　삶이란 내게 주어진 시간과 이별하는 것이라 한다. 이별이란 만남이 있었기에 필연으로 주어진 인과다. 오늘은 봄을 재촉하는 비가 오고 있다. 날씨도 겨울답지 않게 푸근하다. 뿌연 안개 속에 흐릿하게 보이는 'e편한세상 두류역' 아파트 공사 현장을 바라본다.
　전세로 사는 아파트 베란다에서 바라보면 빤하게 보인다. 2년 전만 해도 30여 년간 우리 식구가 살던 집이 있던 곳이다. 재개발이란 이름으로 더 편리하고 좋은 집을 지어주겠다는 말에 무지개 같은 꿈을 안고 동의서에 도장을 찍고 이사를 했다. 단독주택이 생활에 좀 불편한 점이 있기는 했으나 아파트란 공동주택에 살아보니 장점도 많다는 생각이 든다.
　살던 집은 2층으로 된 반 양옥이었다. 대지 54평에 건평 47평이다. 1층에 내가 살았고 2층은 세를 놓았다. 우리 식구 생활하기에 큰 불편이 없다. 좁은 마당에 작은 화단이 있어 계절 따라 일년생 꽃들이 피어 삶에 변화와 활력을 준다. 과일나무도 몇 포기 있다. 모과와 무화과, 대

추와 석류나무다. 가을로 접어들면서 과일 열매에 과육이 붙기 시작한다. 열매의 푸른색이 붉거나 노란색으로 변하면서 과일나무는 나에게 흥정을 시작한다.

먹음직한 과육을 주는 대신에 씨앗을 시멘트 바닥이나 아스팔트 위에 버리지 말고 반드시 흙 위에 놓아두기를 희망한다. 흙 위에 있어야 싹을 틔워 후손을 얻을 수 있기 때문이다. 종족 번식을 위한 본능을 느낀다. 화단의 꽃들도 같은 생각을 하고 있다. 씨앗이 익기 전에 꽃을 꺾지 말란다. 꽃자루 위에서 꽃잎이 말라야 씨앗을 여물게 할 수 있다. 씨앗이 여물어야 바람에 날아가든 사람이나 동물의 몸에 붙어 가든 흙 있는 곳에서 겨울을 나야 봄에 새싹을 틔울 수 있다.

집 울타리 안 과일나무나 꽃들과의 대화가 아파트 생활에서도 계속될 수 있을까 하는 걱정이다. 인간과 자연은 가깝게 있어야 서로 상생할 수 있다고 배웠다. 삶의 편리함만 추구하다 더 많은 것을 잃지 않을까 걱정이다. 둘 중 하나를 선택할 땐 언제나 망설임이 존재한다. 문제는 그 가치의 경중을 아직 살아보지 않아 알 수 없다는 것이다. 그래도 새로움은 마음을 설레게 한다.

2022년 6월 입주 예정이다. 처음 터파기를 할 때는 가림막이 설치되어 공사 현장이 보이지 않았다. 가림막 높이가 엄청 높아 밖에서는 안을 볼 수 없다. 집을 허물고 기초공사를 하느라 우당탕 쾅쾅거리며 기계 돌아가는 소리도 들렸다. 가끔 임시 출입문으로 대형 덤프트럭이 흙이나 자갈 같은 부스러진 잔해를 싣고 나와 어디론가 바쁘게 가는 모습을 볼 수 있다.

　정오가 되면 공사장에서 작업모를 쓰고 군화 비슷한 신발을 신은 일하는 분들이 나온다. 점심 먹으러 가는 듯하다. 60·70년대의 척박한 삶에서 오늘날처럼 살기 좋은 나라로 만든 산업의 역군 모습을 떠올리게 한다. 단정한 차림에 걸음걸이도 당당하다. 그들의 손에 내가 살 아파트가 지어진다고 생각하니 믿음이 절로 간다. 같이 입주할 예정인 조합원의 말이 저들은 전국적으로 건설 현장을 따라가며 일하는 전문 기술자란다.

　재건축사업조합에서 분기별로 소식지가 온다. 공사 진척 상황과 현장 사진 등이 있다. 아파트 건설에 대한 전문지식이 모자라 사진을 보며 상상한다. 여기쯤이 분양 예약된 동이고 이곳 21층에 우리 가족이 살 공간이 마련된다. 사람의 앞일은 알 수 없지만, 생을 여기서 마감할 수도 있다는 생각에 괜히 마음이 들뜬다.

　2017년 초겨울 두류초등학교 강당에서 관리처분계획총회를 할 때 대림산업에서 아파트를 이렇게 짓겠다고 영상을 보여 주며 설명하는 것을 듣던 기억이 새롭다. 그때까지 아파트에 살아본 적이 없어 마음이 조금 흥분되기도 했다. 거기에 살면 삶의 질이 한층 높아지고 행복해질 수 있겠다는 작은 꿈도 싹텄다.

　며칠 전 외출했다 돌아온 아내가 아파트 건설 현장을 친구와 함께 돌아보고 왔다면서 자랑이다. 무엇을 봤느냐니 가림막 때문에 안은 볼 수 없었지만, 출입문 앞에서 서성이며 안을 엿보니 크레인으로 철근을 옮기고 일하는 분들이 분주하게 이곳저곳을 왔다 갔다 하더란다. 곁에서 본 당신이나 멀리 베란다에서 바라본 나 같다며 웃으니 그래도 곁에서 보고 오니 좋단다. 나는 아내의 마음을 안다. 하루라도 빨리 새 아파트에 입주하고 싶다는 뜻이다.

재건축정비사업 조합원 카톡방에 주변 아파트 시세와 거래 예정가, 교통 정보, 앞으로 발전 전망 등 많은 소식이 올라온다. 아쉬움은 공유하는 주된 이야기가 돈과 관련되어 있다. 행복한 삶을 위해 아파트 공간에 관한 소식도 접하고 싶다. 부동산 전문가 수준의 이야기는 여윳돈 없는 서민에게는 실감이 나지 않는다. 그래도 카톡방 소식이 조합원인 내가 입주할 아파트에 자부심을 느끼게 하는 효과는 준다.

어떤 만남이나 이별이라도 인연에 의해 이루어진다. 내가 청수주택재건축정비사업조합 조합원이 되어 'e편한세상 두류역' 아파트와 만난 것도 인연이다. 그 인연의 끈이 깊다. 그 터에 단독주택을 가질 때부터 이어졌다. 종과득과種瓜得瓜 종두득두種豆得豆*라는 말이 있다. 큰 인연이다. 좋은 인연은 끝이 좋아야 한다. 아파트와 인연도 좋게 끝맺고 싶다. 인연, 처음은 나와 상관없이 시작되었어도 어떻게 마무리하는가는 자기에게 달렸다고 하지 않는가. (2021.)

---

* 오이를 심으면 반드시 오이가 나오고 콩을 심으면 반드시 콩이 나온다는 뜻으로 원인에 따라 결과가 생김을 이르는 말이다.

삶의 보람

봄볕은 겨울 동안 집 안에 있는 아이들을 밖으로 불러낸다고 했던가. 숲 생태 체험학습을 온 아이들의 몸에 봄 냄새가 난다. 풋풋하다. 푸른 하늘이 아이들을 따라다니며 말한다. '기억과 용기를 뒤섞으며 오늘 하루 가슴 가득 희망을 품어라'고. 나는 어린아이들이 참 좋다. 참됨과 착함과 아름다움까지 갖춘 그들을 바라보기만 해도 마음이 맑아진다. 초등학교 저학년을 대상으로 대구수목원에서 '숲 생태해설가'로 활동한 지가 칠 년째다. 중등학교 교사로 있다가 2008년 퇴직했다. 이듬해 3월부터 시작했으니 한 해도 거르지 않고 줄곧 수목원에서 지낸 셈이다.

오늘은 초등학교 2학년 다섯 명을 배당받았다. 때 묻지 않은 동심과 함께 이것저것 꽃 이야기도 하고 나무 이야기도 한다. 아이들이 내 이야기엔 별 관심이 없다. 옆에 있는 동무 옆구리를 툭툭 건드리며 장난이다. 겨우내 웅크리고 있던 아이들이 봄을 맞아 체험학습을 오니 기분이 좋은가 보다. 덩치가 조막만 한 얘가 자기보다 훨씬 더 큰 아이를 때려 울린다. 동무를 괴롭히면 벌을 주겠다는 말이 떨어지기도 전에 자기는 때린 적이 없단다. 방금 내가 봤다고 하니 "아, 때린 게 아니고 장난을 했잖아요." 하며 대수롭지 않은 일이란 듯 생글거리며 웃는다. 한 아이는 울고 한 아이는 웃고 어떻게 지도할지 판단이 서지 않는다.

숲속 양지쪽에 광대나물이 무리 지어 붉은 자주색 꽃을 피웠다. 깨끗하고 맑고 곱다. 방금 동무를 때려 울린 아이에게 꽃 이름을 아느냐고 물었다. 모른단다. 다시 "꽃이 참 예쁘지." 하니 "저게 뭐가 예쁜데요?" 하더니 쏜살같이 들어가 발로 짓밟아 뭉갠다. 말릴 사이도 없다. 순간 나는 푸른 하늘만 멍하니 쳐다봤다.

꽃과 나무를 함부로 꺾고 함께 온 급우를 괴롭힌다. 얄미울 정도로 말썽을 부리고 말을 듣지 않는다. 그래도 나는 아이들이 좋다. 어린 학생들과 함께 있는 것만으로도 가슴이 따뜻하다. 내가 가사 문제를 처리하다 손해를 보거나, 집안일을 도울 때 말이 어눌하고 행동이 느려 자기 마음에 들지 않을 때 아내는 아이들과 놀더니 참 많이 닮았단다. '아이는 어른의 아버지'란 말이 있다며 웃는 내게, 앞으로도 아이들과 잘 노십시오 하며 능청이다.

삼십칠 년 육 개월이란 긴 교직 생활을 마감하고 자연인으로 돌아가려고 했을 때 학생들에게 한 말이 생각난다.

'무성한 녹음과 그리고/ 머지않아 열매 맺는/ 가을을 향하여/ 나의 청춘은 꽃답게 죽는다.' (이형기의 「낙화」 일부)

꽃이 지면 열매가 맺듯이 나는 이제 교직을 떠나지만, 결별의 아픔을 통해 영혼을 더욱 성숙시켜, 좋은 작품으로 지면을 통해 다시 만나도록 노력하겠다고 했다.

그간 큰 흔적은 남기지 못했지만 내 나름대로 열심히 살아왔다. (사)대구문화재지킴이회 회원으로 대구지방의 지방문화재인 선화당(대구광역시 유형문화재 제1호), 징청각(대구광역시 유형문화재 제2호), 관풍루(대구광역시 문화재자료 제3호), 달성토성(국가 사적 제62호)을 지키고 보호하고 홍보하는 일에 이바지했다. 대구중구노인상담소 봉사자회 회원으로 홀몸노인에 대한 전화 상담을 매월 하고 있으며, '보듬고 함께 가는 노년친구 되기' 교육을 위해 '노인 집단 괴롭힘 예방, 노인 집단 괴롭힘 보듬이 양성 교육, 노년기 관계 증진 프로그램'을 갖고 이 경로당 저 경로당을 찾아 나이가 들수록 서로 이해하고 도와가며 사는 것이 편할 수 있다며 계도했다.

특히 잊지 못할 것은 지난해 『행복한 삶 즐거운 삶』이란 두 번째 수필집을 냈다. 행복이란 현재의 괴로움을 참으면서 기다려야 하는 신기루다. 행복이란 성공의 결과물이 아니라 성공을 끌어내는 원동력이다. 어떻게 사는 것이 행복한 삶이고 즐거운 삶인지는 모르나 책 표제를 그렇게 붙이고 나니 첫 수필집 『행복한 삶 아름다운 삶』의 표제와 큰 관련성이 있는 듯해 가슴이 두근거렸다.

숲 생태체험을 온 얘들에게는 풀이나 나무의 이름, 꽃이나 잎의 역할 등을 가르치는 것이 목적이 아니다. 수목원의 풀과 나무가 혼자 사는 것이 아니라 숲속의 곤충과 새를 보듬고, 나무와 나무, 풀과 풀이 서로 도움을 주고받으며 살고 있음을 스스로 느끼고 깨닫게 해야 한다. 빛과 물, 영양분을 충분히 받은 나무는 꽃이 탐스럽고 열매가 충실하다. 그늘진 곳이거나 물과 영양 공급이 모자라면 시들거나 말라 죽는다. 이들에게도 물과 영양분을 제때 주지 않으면 봄이 와도 꽃을 피우지 못할 수 있다. 미래 아이들이 봄꽃처럼 활짝 피기를 바라며 푸른 하늘을 본다. '숲 생태해설가'로서 삶의 보람을 느낀다. (2015.)

영남대학교와의 인연

대부분 사람은 살아온 시간보다 살아갈 시간이 적게 남게 될 때부터 과거의 일은 아름답게 보이고, 현재의 일은 괴로우며, 미래는 희망으로 가득 차 있다고 생각하며 산다. 그러면서도 계속 현재의 괴로움을 아름다운 추억으로 만들며 사는 것이 인생이리라.

그때 그렇게 괴롭고 힘들었던 일들이 아름다운 추억으로 자주 떠오르며, 괴롭고 힘들었던 강도에 비례하여 추억은 더욱 아름답게 회자되고 있으니, 나이가 들었음을 실감하지 않을 수 없다. 더욱이 모임에라도 나가면 자리가 상석에 놓여 있어 외로움을 느낄 때가 있다. 흘러가는 세월을 아쉬워할 나이가 아니라고 마음속으로 부정해 보지만, 현실이 엄연한 사실로 나타난다.

영남대학교 국어국문학과가 창설 50주년 기념행사를 준비하고 있다는 서신을 받았다. 벌써 대학을 졸업한 지 28년이다. 그렇다. 지난 '98년 5월 모교 국제관에서 68학번 동기들이 모여 입학 30주년 기념

행사를 매우 뜻깊게 가졌다. 졸업 후 처음 만난 동기도 있었고, 가끔 연락은 하고 있었으나 자주 만나지 못하던 벗들과 조우할 수 있는 기회도 되었다. 그날 하루, 시간을 30년 전 과거로 돌려놓고 세월의 흐름을 잊었다.

지난 시간을 아쉬워하고 후회하면서 살아가는 것이 인생이란 평범한 진리를 생각하면서도 학창 시절을 생각하면 남는 아쉬움이 한둘 아니다. 그 시절만 그런 것이 아니다. 졸업 후 은사님들께 고맙다는 따뜻한 서신 한번 정중하게 드리지 못했다. 세상사에 시달려 삶에 지친 나의 무심하고 무능함을 되돌아본다.

영남대학교와 나는 인연이 깊은 모양이다. '99년 2월 영남대학교 교육대학원에서 국어교육을 전공하고 졸업했다. 대학원을 다닐 때 늘 마음속으로 '상전벽해桑田碧海'란 말을 실감했다. 마침 내가 강의를 들은 사범대학 건물이 대학 시절 문리대학 건물로 그 강의실에서 약관의 나이에 교수님들로부터 학문을 배웠는데 이십수 년 지나 지천명에 거기에서 대학원 전공 강의를 들었으니 어찌 남다른 감회가 없었겠는가?

그뿐 아니라 '99년 여름에는 '논리 논술' 일반연수를 하기 위해 평생교육원에서 공부했었는데, 그 장소가 영남대학 의료원 정문 입구 우측에 있었다. 그곳 역시 내가 대학 1학년을 다닐 때 교양 과정을 듣던 건물 바로 앞이었다. 이십수 년 전과 후의 변화된 학교의 모습을 이렇게 실감 나게 체험하기가 쉽지는 않았으리라.

　변한 것은 겉모습만이 아니다. 대학원을 다니면서 도서관을 많이 이용했는데 그 속에서 공부하고 있는 후배들의 모습이 과거 내가 다니던 때와는 달랐다. 눈에는 총명함이 서려 있고, 표정에는 지혜로움이 넘쳤으며, 행동에는 생기가 있었다. 영남대학교의 장래가 밝다는 것을 피부로 느낄 수 있었다. 함께 공부하던 원생 가운데는 국어국문과의 직속 후배도 있어 무엇인가 말로 표현 못 할 믿음과 푸근한 정을 나누며 지내기도 했다.

　대구지역 사학의 쌍벽을 이루던 대구대학과 청구대학을 합병하여 '새역사의 창조자'로서 출발한 대학이 영남대학교다. '지성의 전당으로서 애국정신을 바탕으로 인간교육과 생산교육을 추진함'으로써 민족중흥의 새 역사적 창조에 기여함을 창학정신으로 삼고 있다.

　국어국문학과는 영남대학교의 뿌리이고 기둥이다. 올해로 학과 창설 50주년을 맞았다. 그동안 발전을 위해 힘써 온 선후배님을 바라보면서 따뜻한 위로와 고마움을 드린다. 나도 내가 선 자리에서 주어진 일에 최선을 다하는 영남대학교 국어국문학과의 동창생으로 남아 있을 것을 약속해 본다.

《50년의 자취》 영남대학교 문과대학 국어국문학과, 2000. 5.)

행복하게 살기

오늘 세탁기를 돌려 빨래를 했다. 때가 쏙 빠져 깨끗한 옷가지를 옥상의 빨랫줄에 널고 쳐다보니 기분이 좋다. 가지런하게 널린 빨래가 햇볕을 받으며 살랑살랑 부는 바람에 한들한들 춤춘다. 빨래할 때 귀찮고 짜증 나던 기분이 사라지고 성취감이 느껴진다. 이런 분위기를 행복이라 말할 수 있겠다. 하늘을 바라보며 씩 혼자 멋쩍게 웃어 본다. 싫지 않은 순간이다.

평소에는 빨래하지 않는다. 그 일은 아내 몫이다. 오늘은 내가 하지 않을 수 없었다. 아내가 엉덩관절 골절상으로 수술했다. 3주간의 입원 생활을 끝내고 집에서 걷기 재활치료 중이다. 집 안에서만 'ㄷ' 자 형 보행기에 의지해 움직인다. 몇 차례 시행착오 끝에 내자의 지시에 따라 겨우 세탁기를 돌렸다.

아내가 처음 넘어져 병원을 찾을 때만 해도 앞이 캄캄했다. 의사는 지금부터 절대로 움직이면 안 된다. 최선을 다해 수술하겠지만 행여 잘못되는 경우 남은 생을 장애인으로 살 수 있다며 겁을 준다. 그때부터 나의 일정이 환자의 간호에 맞추어졌다. 병상 아래 딸린 간이 침상에서 밤을 새우며 아내를 돌봤다. 별로 힘들지는 않았지만, 환자 수발이란 단조로운 일에 일거수일투족이 의지와는 상관없이 이어졌다.

그래, 병간호는 끝이 보이는 일이다. 의사는 빠르면 2주 늦어도 3주면 충분하다고 했다. 이참에 아내에게 점수나 좀 따 두어야겠다. 아니 지금까지 내자가 큰 병 없이 건강하게 집안일 건사하지 않았는가. 간병인을 쓰는 것보다 손수 돌봄이 도리라 생각했다. 시간이 지나면서 불편한 잠자리, 식사, 집을 드나들며 하는 잔심부름 등이 부담으로 다가왔다. 그래도 환자보다야 백배 더 낫다는 생각에 나름대로 성의껏 간호했다. 내자가 눈에 차지 않는 눈치다. 병간호에 대한 나의 인내가 한계에 다다른 느낌이 들 즘이다.

느닷없이 병간호 도우미를 써야겠다며 불만을 표출한다. 처음에는 '미안하다 고맙다. 아들·딸 있으면 무엇 하느냐, 그래도 당신이 있어 다행이다' 하더니 별로 마음에 들지 않는 모양이다. 긴 병에 효자 없다는 선인들의 말이 생각난다. 무의식적으로 나타난 간호의 어려움과 불만이 아내의 눈에 비쳤나 보다. 조심한다고 하면서도 환자의 입장보다는 내 입장을 앞세우며 말다툼도 했다.

아내의 상태는 시간이 지나면서 조금씩 차도가 보이기 시작했다. 대소변 볼일도 못 보던 사람이 휠체어를 타고 병원 복도를 드나들며 다른 환자들과 농담까지 한다. 스스로 식사도 하고 조금만 도움을 줘도 용변까지 해결한다. 이제는 거꾸로다. 간호하는 나는 지쳐 있는데 환자인 아내는 매사에 자신감이 살아난다. 처음과 다르게 여간 정성을 쏟지 않으면 도움에 만족하지 않는다. 툭하면 "옆 환자의 보호자는…." 하면서 나의 역할이 시원치 않다고 구박이다.

몇 차례의 아슬아슬한 갈등 상황을 넘기며 퇴원했다. 환자보다 더 기뻤다. 그러나 그것은 오산이다. 본격적인 전쟁은 집에 와서부터다. 아내는 보행이 마음대로 되지 않으니 매사 생각대로 할 수 없다. 식사 준비는 물론 청소며 기타 크고 작은 일까지 요구가 많다. 시키는 대로 했다. 문제는 결과다. 해 놓은 일이 마음에 별로 들지 않는 모양이다. 어쩌면 그렇게 못 알아듣고, 하는 일이 시원치 않으냐. 심지어 나이를 헛먹었다고 한다.

나와 생각이 아주 다르다. 아내가 시키는 일을 하면서 스스로 놀랄 때가 많다. 이것도 할 수 있구나. 저것도 할 수 있다. 가끔 아내가 지나는 말로 "잘했네." 하는 말을 듣기라도 하면 기쁘고 기분이 좋았다. 나는 내 수준을 안다. 음식 솜씨가 최악이다. 집 청소를 비롯해 잔잔한 집안일의 뒤처리가 깔끔하지 못하다. 그래도 하나하나 일을 처리하는 과정이 만족스럽고 즐겁다. 지금까지 내 일이 아니고 아내 일이라고 생각한 것 중에 해야 할 일이 많았음을 깨닫는다. 사소한 일을 하면서 만족감이 행복으로 이어지기도 했다.

'행복'이 무엇인가? '만족과 기쁨을 느끼어 흐뭇한 기분이 드는 상태'를 뜻한다. 내가 한 일, 하는 일, 할 일에 만족하고 기쁨을 느낀다는 것이 결코 쉬운 일이 아니다. 대부분 사람은 자기의 삶이 행복하지 않다고 생각하기 쉽다. 나도 삶이 행복하지 않다고 생각했다. 요즈음 아니다. 작고 사소한 일에 기쁨이나 만족을 느낄 때가 잦다.

오늘처럼 빨래걸이에 세탁한 옷가지를 널다가도 즐거움을 찾고, 식사를 준비하면서도 기쁨을 느끼며, 집안의 소소한 일을 처리하면서도 만족감을 얻는다. 아픈 아내가 준 선물이다. 간호하면서 부족한 부분을 채워가는 연습이 되었나 보다. 지금껏 행복하게 사는 초보적인 것을 모르고 있었다. 행복한 삶은 행복의 커트라인을 낮추면 된다. 아내의 잔소리가 행복을 만들어주는 노래가 되고 있다.

(2018.)

작은 흔적, 나를 위한 글쓰기

　수필이란 대상이나 세계를 객관적으로 묘사하고 설명하는 교술 장르의 글이다. 바라보는 대상과 세계를 언제·어디에서, 어떻게·왜, 라는 것에서 벗어날 수 없다. 글의 수준은 늘 작가의 수준과 비례한다. 다소 눈높이를 어디에 두느냐에 따라 쉽게 쓸 수도 있고 어렵게 쓸 수는 있다. 글의 내용과 표현의 수준이 글의 수준이 아니란 생각이다. 다소 어눌한 글이 독자에게 큰 울림을 줄 때도 잦기 때문이다.
　작은 이야기 속에 진실을 담고 있는 글을 쓰고 싶다. 작품 속의 이야기를 읽고 "내 생각과 같다." 하는 사람을 많이 만나고 싶다. 고급 독자가 아니라도 좋다. 소박하게 옆에서 이야기하듯 같이 웃고, 고개 끄덕이며 손잡아 줄 수 있는 글을 쓰고 싶다. 그리고 내 글이 그들의 미래의 삶에 긍정적인 방향으로 도움이 되었으면 한다.
　나는 글을 쓸 때마다 두렵다. 글을 쓴다는 것은 누군가 읽게 되리란 기대를 하게 된다. 내 삶과 아무런 관련이 없는 독자가 읽고 시간 낭비라 생각하게 했다면 그것은 기만이다. 나는 독자의 소중한 시간을 빼앗을 권리가 없다. 행여 "이런 글을 왜 썼느냐?"라고 하는 독자가 있다면 그것은 내 능력의 부족에서 온 것이지 독자를 속일 생각이 추호도 없었다.

앞으로 얼마간 수필이란 이름의 글을 쓰게 될 것이다. 글을 쓰는 내 나름의 이유가 있다. 지금까지 경험으로 볼 때 마음이 맑아지고, 생각이 깨끗해지고, 행동을 바르게 하는 데 도움이 되었다. 위에서 독자에 관한 이야기를 조금 언급했으나 나는 나 자신을 위해 글을 쓴다는 말이 정답이다.

나를 위해 글을 쓴다고 독자를 무시한다는 것은 아니다. 정서법에 맞게 쓰고, 표현에 오해가 없게 쓰겠다. 한 줄의 문장을 정성 들여 쓰는 마음은 한 편의 글을 정성 들여 쓰는 마음이다. 읽은 사람을 배려하는 마음을 가질 것이다. 아무리 귀찮더라도 다른 사람의 충고를 달게 받아 고치는 일에 게으름 부리지 않겠다.

여행하다가, 길을 가다가, 책을 읽다가 문득문득 떠오르는 생각을, 혹은 생활 속에서 일어나는 일을 글로 남길 것이다. 독자들의 평에 둔해질 생각이다. 나는 내 이야기와 생각과 느낌을 솔직하게 쓸 것이다. 시간이 지난 후 그때 그곳에서 무엇을 생각했는지, 어떻게 살았는지 작은 흔적이라도 만나고 싶다. (2012. 10.)

강물은 그냥 흐르는 물이 아니다
― 삼강주막에서

  시골 길가에서 밥과 술을 팔고, 돈을 받고 나그네를 묵게 하는 곳이 주막 또는 주막집이다. 사극영화나 소설 속에만 존재하는 주막이 내 고향 강가에 있다. 안동에서 흘러오는 낙동강에 예천의 내성천과 문경의 금천이 몸을 섞는 삼강마을에 있다. 우리나라에서 마지막 남은 정통 주막이다.

  삼강마을이 있는 예천 풍양면은 낙동강을 삼면에 끼고 있다. 지금은 면 소재지를 중심으로 사방에 다리가 놓여 타지로의 출입이 자유로우나 육칠십 년대에는 육지 속의 섬으로 교통이 불편했다. 삼강마을은 면 소재지에서 이십 리나 떨어진 오지로 재라고 불리는 산의 고갯길을 둘이나 넘어야 했다. 어릴 때 걸어 다니기엔 꽤 멀었다.

  한배 타고 셋 물 건넌다는 삼강마을은 낙동강 하류에서 강을 타고 오르던 길손이 북쪽 육로로 가는 큰 길목이었다. 또 하류에서 거두어들인 온갖 곡물과 화물이 배에 실려 올라와 바릿짐으로 바꿔 다시 노새의 등이나 수레에 실려 문경새재를 넘어가던 종착역이기도 했다. 여기서 낙동강 줄기를 따라 더 올라가면 안동댐을 지나 강원도 땅으로 연결된다.

안동댐이 건설되기 전에는 강의 너비가 오백 미터가 넘었고, 서울로 소 장수 가는 소몰이꾼들이 나룻배에 소를 싣고 건너기도 했다. 지금은 자동차가 마음대로 다닐 수 있는 다리가 놓여 배는 사라졌다. 조선 후기까지만 해도 낙동강을 오르내리던 소금 배가 이곳 나루에서 물물 교환했단다. 나는 강변에 서서 넓은 백사장의 흰 모래만큼이나 순박하게 살았을 민중들의 삶의 숨결을 느낀다. 잔물결 일으키며 말없이 흐르는 강물이 삶은 평탄한 것이 아니라 작고 큰 변화 속에 즐거움과 슬픔이 숨어 있다고 속삭인다.

모처럼 고향에 있는 삼강주막을 찾았다. 내 기억과 일치하고 있는 것은 회나무와 뒷간뿐이다. 그때 회나무는 주막의 수호신인 양 뒤란 북편 강둑 아래 외롭게 서 있었고, 나무 그늘 밑 평상에는 술상을 마주하고 있는 길손이 보였다. 뒷간은 뒤란 서편에 싸리나무로 울을 하고 있었다. 사용하지는 않으나 지금껏 그 자리에 보존되고 있다.

세월이 많이 흐른 것 같지 않은데 변한 것이 많다. 강에는 현대식 다리가 놓여 있고 달구지가 억지로 다니던 길은 자동차가 왕복으로 달리는 포장도로가 되었다. 허술하게 보이던 강둑은 아무리 비가 많이 와도 물이 넘치지 않도록 제방을 튼튼하게 쌓아 놓았다. 연기에 시꺼멓게 그을린 슬레이트가 군데군데 갈라져, 보는 사람을 불안하게 하던 주막의 지붕도 이엉을 얹어 초가지붕으로 말끔히 정비되어 있다.

행복하게 살기

문화해설사는 주막의 구조가 참으로 편리하게 되어 있다고 한다. 보통 시골의 작은 집을 '초가삼간'이라 하는데 여기 주막은 그보다 작은 '초가 두 칸'이란다. 방 두 칸에 부엌과 툇마루로 된 '두 칸 겹집'이다. 방마다 문이 사방으로 나 있어 길손이 서로 불편 없이 들락거릴 수 있게 되어 있다. 툇마루는 취객이 방에서 술 마시는 다른 손님을 피해 잠시 쉴 수 있는 공간이란다.

큰방에는 다락이 있고 그곳은 언제나 닫혀 있었단다. 길손이 수시로 드나드는 방에 주모의 귀중품이나 여자로서 간직해야 할 물건을 두는 공간으로 활용되었다는 말에 수긍이 간다. 부엌도 문이 네 군데다. 어느 방에서나 주객酒客이 술을 달라면 주모가 부엌에서 바로 줄 수 있단다. 출입문이 한쪽으로만 나 있다면 길손의 술 시중을 종일 들어야 하는 주모의 다리가 떨어지지 않았겠나 하는 말에 웃음이 났다.

부엌 벽에 칼로 긁은 흔적의 빗금이 외상장부란다. 짧게 우상 좌하로 하나 그어 놓은 것은 대포 한 잔의 외상 표시고, 길게 그어 놓은 것은 술 한 되를 말하며, 그 위에 다시 좌상 우하로 그어 놓은 것은 외상을 받았다는 표시란다. 글과 숫자를 배우지 못한 주모의 상형문자다. 여기에는 주모뿐 아니라 배우지 못한 가난한 민중의 삶의 지혜가 담겨 있다.

내 기억 속의 마지막 주모 유옥연(2005년, 90세로 작고) 할머니는 몸뻬를 입고 담배를 물고, 가난에 찌든 표정으로 처마 밑이나 땔감으로 마련해 놓은 나뭇가리 옆에 쪼그리고 앉아 있었다. 세상의 고생을 혼자 다 하는 듯 고달픈 눈으로 하늘을 멍하게 바라보던 모습이 눈에 선하다. 그것은 주모만의 인생이 아니라 당시를 살아가던 민중의 가난한 삶이란 생각이다.

주막 뒤 회화나무 옆에 선 두 그루의 나무는 시무나무다. 어릴 때 어른들이 이 나무의 어린잎을 따는 것을 본 일이 있다. 보리가 익기 직전의 봄에는 먹을 것이 없었다. 묵은 벼 곡식이 거의 떨어지고 보리는 아직 여물지 아니하여 농촌의 식량 사정이 가장 어려운 시기다. 이때를 '보릿고개'라 했다. 이를 이겨내기 위한 삶의 방법이었으리라. 나뭇잎을 밀가루나 보드라운 보리쌀 겨에 버무려 쪄 먹으며 춘궁기를 보냈다. 문화해설사도 이 부분은 언급하지 않아 지나가는 말로 물으니 잘 모른다고 한다.

많은 사람이 붐빈다. 입소문을 타고 찾아온 관광객이다. 주막과 보부상 숙소로 복원해 놓은 곳에 서너 명씩 짝지어 앉아 음식과 술을 먹는다. 옷차림도 화려하고 웃음소리도 행복하다. 그런데 어딘가 어색하고 부족함이 느껴진다. 그렇다. 주객酒客은 많으나 '사람 냄새'가 나지 않는다. 무엇을 찾아 여기까지 왔는지 가늠하기가 어렵다. 강물은 여기가 아니라도 얼마든지 볼 수 있다. 막걸리와 파전, 두부도 관광지마다 있다. 여기서 먹는 술과 안주에는 옛 보부상이나 과거를 보러 가던 선비의 애환이 담겼다. '사람 냄새'가 풍기는 음식이다. 나는 '주모, 한 상 주이소'를 시켜 놓고, 막걸리와 두부·파전·묵을 먹으며 옛사람들의 향기와 맛, 삶의 진실을 음미했다.

제방에 올라 강물을 바라본다. 여기쯤 있어야 할 나룻배가 없다. 사공은 언제나 주막 부근에 있었다. 사람을 모아 배를 띄웠다. 배에는 나그네의 괴나리봇짐, 소나 닭 등 집짐승, 패랭이를 쓴 보부상, 두루마기에 도포까지 입고 갓을 쓴 양반까지 함께 탔다. 강을 건너는 동안은 모두가 한목숨이다. 이때는 배를 부리는 사람이 가장 권위가 있다. 신분의 고하와 관계없이 사공의 말을 잘 들었다. 거기에는 생명이 담보되어 있고 돌아올 때 다시 타야만 하기 때문이리라.

강물에 많은 추억이 담겨 흐른다. 여름철 홍수가 날 때는 황토물이 강가에 있는 전답을 메웠다. 속절없이 자연의 힘에 당할 수밖에 없는 아버지의 안타까워하던 모습이 보인다. 멍하니 하늘을 쳐다보고 비가 그치기를 기다리며 연방 담배를 피우며 한숨짓던 아버지. 붉은 황토물이 빨리 빠져나가지 않으면 농사를 망치고 만다. 그때 담배가 타들어 가듯 아버지의 마음도 타지 않았을까?

잘 정비된 나루터 제방에서 바라보는 강물은 그냥 흐르는 물이 아니다. 내 어릴 때의 꿈이 있고, 아버지의 가난했던 고단한 삶이 흐른다. 살기 위해 장돌뱅이가 되어 여기저기 다니며 호구糊口를 걱정하던 보부상의 애환이 있다. 과거시험에서 장원급제를 꿈꾸던 선비의 염원도 흐른다. 한밑천 잡아 잘살아 보겠다고 서울까지 먼 길을 소와 함께 걷던 소 장수의 지친 모습도 보인다. 강물이 혼자 지키기에 외로워할까 봐 회화나무가 친구 되어 바람에 두 팔을 흔들며 웃고 있다. 오늘은 그 곁에 나도 서 있다. (2013. 8.)

국파菊坡 전원발全元發
― 개인의 영달보다 국가와 민중을 먼저 생각하다

　사람이 사욕을 버리고 국가나 민중을 위해 산다는 것은 어렵다. 우리는 지금 개인의 영화보다는 국가나 민중을 먼저 생각하는 분들 덕분에 헐벗고 가난한 삶에서 벗어나 행복하게 살고 있다. 오늘 우리를 있게 한 선현들을 역사에서 찾는다면 무수히 많다. 학교 교과서 등에 이름이 올라 그 빛나는 업적이 세상에 널리 알려진 사람이 참 많다. 그러나 우리에게 알려지지 않았을 뿐 결코 가볍게 볼 수 없는 분도 수없이 있다. 우리 선현들의 거룩한 정신과 공덕을 이어 받드는 일이 곧 사람다운 삶이며, 인류 문화의 근간을 만드는 일이라 해도 과언이 아니다. 여기 소개하는 국파菊坡 전원발全元發도 그중 한 사람이다.

　전원발은 본관이 용궁이고 호가 국파菊坡다. 경상북도 예천군 용궁면 무이리에 가면 공公의 위패를 모신 '소천서원'이 있고 그 옆에는 공이 만년에 건립하여 유유자적하던 청원정淸遠亭(경상북도문화재자료 제533호)이 있다. 사단법인 예천군문화원에서 협찬하여 만든 《예천대관》(도서출판 을지사, 1982.)에 보면 그는 고려말 중국 원元나라가 고려의 어질고 문장이 뛰어난 선비를 뽑은 괴과魁科에 급제하여 얻은 원나라의 금자영록대부 병부상서겸 집현전태학사禁子榮祿大夫 兵部尙書兼 集賢殿太學士의 벼슬을 버리고 귀국할 때 원나라 황제 순제順帝(1341~1379년 재위)에게 하직의 예를 올리니,

순제가 이별을 아쉬워하여 소원을 말하라 했다. 공公이 고려에서 거두는 조공을 대폭 삭감해 주기를 바랄 뿐이라고 했다. 이에 순제順帝가 즉석에서 공公의 소원을 들어 견백공물絹帛貢物을 특감特減토록 했다. 그 뒤 조선 건국 후에도 원元을 이은 명明나라까지 이 예를 따르게 되었다고 한다.

　꽃이 피고 지듯이 사람도 살다가 곧 가는 것이다. 그러나 사람은 살아서 유공有功한 흔적을 남기며 그 빛이 역사를 통하여 영원히 광채를 남기게 된다. 국파菊坡 전원발全元發은 필자의 선조로 나는 그분의 19대손이다. 공이 살았을 고려말만 해도 역사적인 업적을 남긴 선현들의 기록이 많이 남아 있지 않아 삶의 흔적을 정확하게 고증해 후세에 전할 방법이 힘들다. 그래도 다행히 선조 국파菊坡 공公에 대해서는 2005년 한기문(상주대학교 교수, 문학박사), 권태을(상주대학교 교수, 문학박사), 강경모(상주문화연구소 연구위원)의 공저로 남긴 《菊坡全元發先生研究》(도서출판 문창사, 2005.)에 비교적 자세히 수록되어 있다. 이 책을 바탕으로 공公의 업적과 후대에 미친 영향 등을 알리고자 간략하게 재정리해 본다.

　일찍이 퇴계退溪 이황李滉 선생은 "이 어른은 세상에 드문 명현이다. 입사立祠하여 우러러 공경하며 높이 받듦이 마땅하다." 했으니 공公의 높은 학덕과 절조節操뿐 아니라 원나라에 바치던 과다한 조공朝貢을 감면한 공덕을 높이 사고 그 덕을 추모하였던 것이라 하겠다.

　우선 한기문의 〈고려 후기 전원발의 원 제과응시制科應試와 활동〉에서 밝힌 증보문헌비고增補文獻備考 제과 총목에 원 제과 합격자로 나오는 전원발에 관한 자료에는 신동국여승람新東國輿勝覽 용궁 고려 인물조, 동문선 오언절구 시의 저자, 법주사 자정국존비문慈淨國尊碑文의 서자書者라 하고 있다. 오언절구 시는 뒤에 다시 언급하기로 하고 비문에 대한 것을 살

펴보면 다음과 같다.

1342년(충혜왕 후 3)에 세워진 '법주사자정국존보명탑비法住寺慈淨國尊普明塔碑'에는 비문 첫머리에 선자選者와 서자書者를 소개하고 있는데, 전원발의 관직과 인명이 다음과 같이 나온다. 봉상대부전교부령직보문각 신 전원발봉 교서병전奉常大夫典校副令直寶文閣 臣 全元發奉 敎書幷篆[1]이다.

당시 국존의 비문 작성은 한문직에 있는 관료에 의해 작성되고, 글씨 역시 그에 준하는 인물에 맡겨졌다. 여기서 전원발은 자정국존 미수彌授의 비문 글씨는 물론, 비문 머리에 작성하는 전篆도 아울러 쓴 것을 알 수 있다. 이로 보아 전원발은 고려사에서 입전되거나 세가에 비록 소개되어 있지는 않으나 실존 인물이 틀림없다.

공公은 글씨에 능했던 인물인 것 같다. 한 가지 좀 더 억측을 가해 보면 글씨에 능했기 때문에 당시 원의 요구에 응한 사경승寫經僧 모집과 인솔에 특별한 공적이 인정되어 원으로부터 관직을 받게 되었으며, 대원 외교에도 대동사강에서 말한 조공경감과 같은 모종의 역할을 할 수 있었던 것이 아닐까 한다.

한기문이 추론한 공의 생애를 보면 1280년대 중반에 태어나 1300년대 이후의 어느 시기에 과거에 급제하고, 1330년대 후반에 원 괴과에 급제하고 귀국하여 1342년 보문각 정4품 관료로서 자정국존비문慈淨國尊碑文의 글씨를 썼다. 이후 원의 병부상서 집현전 대학사를 최종관직으로 1350년대 귀국하여 대원 외교에 역할을 인정받았다. 치사致仕 후 축산부원군 봉호封號를 받고 용궁龍宮에 한거閑居 하며 김득배와 시를 주고받았으며 70세 이상 살았다.

---

[1] '자정국존명보탑비紫淨國尊普明塔碑', 《한국금석전문韓國金石全文》, 1154쪽.

권태을의 〈국파 전원발의 시문고詩文考〉에서는 전원발 공公은 시 두 수와 발문 한 편을 남겼다고 했다. 먼저 시 두 수 중 하나는 용궁에 한거 할 때 난계蘭溪 김득배金得培[2]가 시詩를 부쳐 와 그 시에 차운한 것으로 용궁한거龍宮閑居 '김난계득배기시차기운金蘭溪得培寄詩次其韻'이란 시다.《동문선東文選》에 수록되어 인구에 회자하였다. 시는 다음과 같다.

    江濶脩鱗縱 강이 너르니 큰 고기 멋대로 놀고
    林深倦鳥歸 숲이 깊으니 지친 새 돌아온다.
    歸田乃吾志 전원으로 돌아옴은 나의 뜻이지
    非是早知幾 진작에 기미를 알아서는 아니었네.[3]

 이 시는 난계 김득배가 보낸 시에 차운하여 답장하듯 한 시다. 표면적 의미와 이면적 의미를 시어 내외에 다 함축시킨 표현의 묘미를 최대한 살렸다. 표면상으로는 시인은 자연을 사랑하여 전원으로 돌아와 물아일체物我一體의 조화 속에 천성을 온전히 하는 자연인임을 나타내었다. 그러나 이면적으로는 이역만리 타국에서도 고려인의 애국·애민 정신을 잊지 않았던 시인이었지만, 귀국한 만년(치사致仕의 나이)에는 망국의 기미가 도처到處에 보이니 붙잡을 수 없었고, 고려인으로 선비의 도를 다

---

2) 김득배金得培(1312~1362)의 호는 난계蘭溪다. 정당문학에 오른 문신이요 성리학자로 홍건적의 난에 큰 공을 세운 무신으로 문무를 겸비하였다. 세칭 삼원사三元師(아우 득제, 선치와 함께)로 불리었으며, 포은 정몽주의 스승이다.
3) 이 시는 김득배에게 준 시다. 문무를 겸비한 김득배가 간신 김용金鏞과 정지상鄭之祥의 모함을 입고 전란 중 화를 당한 사실(고려사절요高麗史節要, 공민왕 6년에서 11년(1362) 참조)로도 여말 망조亡兆를 알 수 있거니와 김득배의 제자인 정포은이 스승의 죽음에 제문으로 애도한 속에 "대개 지금 사람들이 이 땅에서 먹고 이 당에서 잠자는 것이 누구의 공인가(중략) 내가 안다. 그 충혼과 장백이 천추만대에 반드시 구천 아래에서 울고 있을 것이다."(권태을, 상주대학교, 문창사, 2002. 72쪽 재인용)라고 하였다.

하는 길은 지조를 지키는 일이기에 천만 대에 공업을 내리고도 끝없이 자신을 낮추는 미덕으로 산고수장山高水長의 인품을 전원에다 감춘 고려의 지사요 충신임을 엿볼 수 있겠다.

또 오언절구五言絶句 20자 속에서 공公의 문학적 재능이 뛰어남은 물론 시인의 인품과 당대 사회상까지 엿보게 하였다. 곧 표면적 의미와 이면적 의미를 함축적으로 표현한 한시의 구조, 자신을 낮추고 남을 높이는 겸손미, 망국의 조짐을 본 충신지사의 처세, 나아가 인간적인 삶의 총체적 가치관까지를 이 시는 표현해 주었다. 이 시가 《동문선東文選》에 수록되어 인구에 회자된 까닭도 여기에 있지 않았나 싶다. 한 마디로 이 시는 독자에게 자연 귀의로 인한 물아일체의 한가한 삶을 느끼게 할 뿐만 아니라, 망국의 비운을 만난 지사요 충신이었던 고려인의 고고한 삶을 느끼게 하였다고 하겠다.

나머지 한 편의 시는 이익재李益齋 중사仲思[4]가 백화산 천덕사 관풍루에 쓴 시에 차운한 것으로 '차이익재중사백화산천덕사관공루운次李益齋仲思白華山天德寺觀空樓韻'이란 시로 익재 이제현의 관공루시觀空樓詩에 차운次韻한 것이다. 시는 다음과 같다.

> 春遊古寺費登擧 봄놀이로 옛 절 애써 오르니
> 十里靑松百疊山 십 리 푸른 솔 백 겹으로 산 에워쌌네.
> 俗累恐爲淸境累 세속의 누累가 깨끗한 곳 더럽힐까 봐
> 增閑付與白雲閑 중이 한가함을 흰 구름의 한가함에 맡기었네.
> 宵淸月傍軒楹外 밤은 맑은데 달은 처마기둥 밖에 와 있고

---

[4] 이익재李益齋는 이제현李齊賢(1287~1367)의 호號고, 중사仲思는 이제현李齊賢의 자字다. 문하시중으로 1357년(공민왕 6년)에 치사(致仕)한 고려 말 문신이요 학자이며, 시인이다.

風晩花披几案間 풍경은 늦은데 꽃은 책상 사이에 피었네
誰曾淡中眞味永 누가 담박한 가운데 참맛 깊음을 알랴
一甌茶話一開顔 한 잔 차 이야기마다 한 번씩 웃네.

이 시를 좀 더 맛있게 감상하기 위해서는 익재 이제현의 '백화선원 관공루'에 차운한 '기제백화선원관공루차운奇題白華禪院觀空樓次韻'이란 시와 여기에 국파 전원발이 차운한 '차이익재중사백화산천덕사관공루운次李益齋仲思白華山天德寺觀空樓韻'이란 시에 또 차운한 신촌愼村 권사복權思復[5]의 국파 천덕사 관공루시에 차운한 '차국파천덕사관공루운次菊坡天德寺觀空樓韻'이란 시를 함께 살펴야 하나 여기서는 국파 전원발의 시만 옮겼다.

이 시는 중요 제재가 '관공觀空'이어서 자연히 불교의 공사상空思想이 응용되었으나, 우주·만물의 관조觀照 자체만으로도 시적 묘미妙味는 획득하였다고 할 수 있다. 특히 시중화詩中畵의 수사나 우의의 은미隱微함 등이 돋보임은 역시 김득배金得培에게 준 앞의 시와 같이 전원발 공公이 시인으로서 위상이 높음을 가늠케 하는 것이 특색이라 하겠다.

익재·국파·신촌의 시 모두가 관공루를 제재로 삼아 관공의 의미를 표출하는데, 불교 철학이 자연 응용되지 않을 수 없었다고 하겠다. 그러나 국파의 시만 재음미하면 굳이 불교적 관조觀照가 아니라도 한 선비의 우주·사물관事物觀이 문학적 표현의 묘미를 얻어 최대한 표출되었다고도 하겠다.

국파 전원발 문文으로는 이익재의 관공루시 뒤에 쓴 '서이익재관공루시후書李益齋觀空樓詩後' 발문 한 편이 있다. 비록 한 편뿐이나 이 발문만으

---

5) 권사복權思復의 자는 군원君遠이요, 호는 신촌愼村이다. 《동문선》권 19와 21에 시 6수가 전한다.

로도 국파菊坡의 인품과 문학관을 엿보는 데 귀한 자료가 됨은 사실이다. 권태을의 〈국파 전원발의 시문고詩文考〉에 한글로 번역되어 있어 원문은 생략하고 싣는다.

"땅은 사람이 아니면 그 아름다움을 드러낼 수 없고, 사람은 시詩[6]가 아니면 그 빛을 발휘할 수 없다. 그러므로, 비록 산골짜기에 흐르는 시냇물[溪水]에 아름다움이 있더라도 범인이나 속된 선비가 아름다운 곳을 함부로 밟으면 개울이 부끄러워하고 숲이 부끄러워하며, 하늘이 아끼고 땅이 감추어 쓸쓸하고 적막해 들을 수 없다. 만약에 문장가나 학사를 만나 한 문자의 포상함을 입으면 구름과 안개가 빛을 발하고 수목이 영광을 머금게 된다. 형용할 수 없던 모습이 이리하여 나타나고 값으로 매길 수 없던 가격이 이로부터 높아진다.

묵암탄공黙菴坦公은 불교계의 영수로 오랫동안 지녔던 서원誓願의 힘으로 천덕산天德山[7]에 백화사를 세우고, 동쪽과 서쪽에 두 누각을 세워 그 이름을 크게 빛내고자 상국相國 이중사李仲思(註 : 이제현의 자字)에게 기記와 시詩를 지어 달라고 청하였다. 기는 현판에 새겨 걸었으나 시는 미처 새기지 못하였는데 묵암탄사黙菴坦師가 영면하여 이로 말미암아 그 원본을 잃어버렸다. 내가 정유년丁酉年(1357·공민왕 6) 가을에 왕명을 받들어 조정에 나아갔다가 하루는 상국相國을 사저로 예방하였다. 공이 술자리를 마련하고 조용할 즈음에 말이 산중山中의 일에 미치자 말하기를, "내가 일찍이 관공루시觀空樓詩를 지었는데 그대는 보았는가?" 하였다. "아직 못 보았다." 하니, 공이 인하여 시

---

6) 여기서 詩라는 것은 문장(글)을 모두 시로 말하는 것이다.

를 외었다.

　내가 듣고 마음에 새겼으나 갈라 앉아 들림(전함)이 없을까 봐 두려워 돌아와서 곧바로 시를 써 현판을 걸도록 명하여 오래도록 전하게 하였다. 이 누각의 가치를 다시 더한 것뿐만이 아니라 탄공坦公의 원도 이루게 되었다. 때는 무술년戊戌年(1358·공민왕 7년) 3월 모일某日이었다. 금자영록대부 병부상서 겸 집현전태학사 치사致仕 전원발全元發이 발문하다.

이 발문은 익재의 관공루시의 창작된 배경·목적 및 백화사에 보존 경위를 소상히 밝힌 산문이다. 문장은 간결하면서도 적실的實한 비유법을 구사하여 주지主旨를 명확히 하였다. 특히 국파菊坡의 시에서 보여준 표현의 특색인 표면적 의미 안에 저절로 이면적 의미를 함축시켜, 언단의 장言短意長의 뛰어난 문장력을 확인할 수 있다. 짧은 글을 통하여 고려 말 선비들의 문학관의 일단인 시의 효용론도 전개하였다. 송대宋代 고문파古文派들에 의한 문이제도文以載道로서 효용이기보다 아름다움에 대하여서는 많은 이가 선호하고, 오래 전파될 수 있다고 본 미의식美意識 표출의 문학 효용론을 강조한 점이 특기할 만하다.

이상의 시 두 수와 발문 한 편 외 국파와 관련이 있는 시는 공公이 만년에 은퇴하여 자연을 벗 삼았던 청원정淸遠亭을 두고 후세 사람들이 쓴 시가 여러 수 있다. '청원淸遠'이란 그대로 '깨끗하고 고원함'이란 뜻도 있지만, '향기는 멀수록 맑다[香遠益淸]'[8]란 말에서 취한 것으로 보인다. 이 말은 후대로 오면서 덕화德化가 오래도록 사라지지 않기를 바라는 선비

---

7)《竺山勝覽(권1)》,〈山川〉, "천덕산은 용궁현 동쪽 7리에 있는데, 구산龜山에서 맥이 내렸고 산상에 기우단이 있다."(원문 생략)라고 하였다.

들의 염원을 담은 뜻으로도 널리 쓰이었다. 청원정淸遠亭은 용궁현 무이산武夷山 밑 성화천省火川, 소천蘇川 가에 여러 번 중수를 거쳐 현존하며, 바위에 청원정淸遠亭의 유지임을 알리는 청원정이란 3자가 새겨져 있는데, 척약재惕若齋 김구용金九容의 글씨라 전한다.[9)]

다시 한번 강경모의 〈菊坡 全元發의 가계소고家系小考〉에서 밝혀 놓은 公의 생애를 정리해 본다. 국파菊坡 전원발全元發은 고려 말의 문신으로 생몰 연대가 기록되지 않아 정확히 고증할 수는 없다. 충숙왕 2년(1315)에 문과 현량공거賢良貢擧에 급제하고 원나라에 입국했다. 그 후 원에서 실시하는 과거에 장원하고 벼슬이 금자영록대부 병부상서 겸 집현전태학사禁子榮祿大夫 兵部尙書兼 集賢殿太學士에 올랐다. 공민왕 3년(1354)에 원에서 39년이라는 긴 외국 생활을 마치고 고려로 귀국하니 이때가 원의 마지막 황제인 순제順帝 13년이다.

공公이 귀국할 당시의 국내외 정세는 매우 혼란스럽게 변하고 있었다. 공민왕이 원에서 돌아와 등극하기 전해인 1351년 중원에서는 하북성 영평에서 한족漢族인 한산동韓山童·유복통劉福通 등이 난을 일으켜, 머리에 붉은 수건을 돌려 표식을 하였기에 우리는 이를 홍건적紅巾賊이라 불렀다. 이들은 중원에서 세력을 확장하여 원나라 각지를 침략하고 한산동의 아들인 한림아韓林兒가 유복통 등에 의해 추대되어 황제를 칭하고 국호를 송宋이라 일컫기에 이른다. 그중의 한 무리가 요양遼陽으로 진출했다가 원나라 군대의 반격을 받아 고려의 영토로 밀려 들어와 고려는 홍

---

8) 애련설愛蓮設)은 《고문진보후집古文眞寶後集》〈설류說類〉에 등재됨. '향원익청香遠益淸'도 애련설에 나옴.
9) 척약재 김구용의 글씨라 전하는 기록은 〈金紹洛, 청원정 중수기〉·〈柳喬榮, 청원정중수기상량문〉·〈李天燮, 국파선생유사기략〉 등이다.

건적에 의한 두 차례에 걸친 큰 전란을 맞게 되었다. 국파 전원발이 귀국하기 전해인 1353년에는 명明의 시조인 주원장朱元璋이 군사를 일으키니 중원은 군웅할거의 시대가 되었다.

원에서 귀국할 때 황제께서, 고려에 설치된 정동성征東省의 횡포와 너무 과다한 세공을 감하여 줄 것, 특히 금·은·견絹·공납貢納을 줄여 줄 것을 청원하여, 이를 대폭 삭감을 시켜 고려의 국고를 튼튼히 하고 백성의 노고를 덜게 하였다. 귀국하여서는 국내정세는 물론 국제정세마저 혼란에 빠지니 모든 관직을 사양하고 치사致仕를 청하여 향리인 용궁현으로 낙향할 때 공민왕은 공公의 나라에 대한 공로에 가상嘉賞하여 축산부원군竺山府院君에 봉하고 향리의 성화천省火川 일구一區를 하사하였다.

향리인 용궁으로 낙향하여 성화천 변에 정자를 지어 청원정淸遠亭이라 하고, 시문과 풍영諷詠으로 세상을 관조하며 만년을 보내셨다. 공公은 당시의 대학자인 익재益齋 이제현李齊賢·난계蘭溪 김득배金得培·척약재惕若齋 김용구金容球 등과 교유하였다. 그중 김득배는 2차례에 걸친 홍건적의 난에 모두 출정하여 공을 세웠으나, 간신 김용金鏞의 모함으로 상주 산양山陽에서 참수당하였다.

그해가 1362년(공민왕 11년)으로 귀국하여서 선생과 교유한 기간은 불과 9년뿐으로 짧았으며, 이제현은 공公보다 1년 먼저인 1314년에 원나라에 들어가 충선왕(복위 1308~1313)이 연경에서 세운 만권당에서 공부하였으며, 공민왕이 즉위하자 귀국하여 1367년(공민왕 16년)에 졸하였다.

원나라 조정에 있을 때는 서로가 고려에서 온 외국인으로 자주 만나 교유하였겠지만, 귀국하여서는 만나 함께하였던 기간이 불과 13년이며, 김구용은 1338년(충숙왕 복위 7년)에 나서 1384년(우왕 10년)에 중국의 여주濾州 영녕현永寧縣에서 병졸하였으니, 공公이 귀국하여 교유했던 시기는 공민왕 때로 보이며, 김구용 또한 1375년(우왕 1년)에 원나라에서 온 사신의 처리 문제로 친원파와 친명파가 첨예하게 대립하여, 친원파에 밀려 죽주竹州로 귀양 가서 7년 만에 귀양에서 풀려나기도 하였다.

이로 미루어 보아 공公이 김득배에게 화증和贈한 시 한 편은 급변하는 당시를 직시하고 초야에 은거해야만 했던 시대상을 가장 적절히 표현한 것으로 보인다.

全 씨의 始祖는 백제 온조왕 때의 십제공신十濟功臣인 환성군歡成君 섭聶으로 본관은 정선旌善으로 하며, 가계家系는 오랜 세월 기록의 인멸로 인하여 상계는 고증할 길이 없다. 다만 28세 조祖 방숙邦淑이 고려조에 한림학사翰林學士 문하시랑평장사門下侍郎平章事가 되어 용성부원군龍城府院君 시호를 받은 그 자손들이 세거하여 오든 용궁으로 분파하여 비조鼻祖가 되었다.

국파菊坡 전원발全元發의 선계先系는 정선旌善이며, 국파의 오대조인 문하시랑평장사門下侍郎平章事 방숙邦淑께서 시호를 용성부원군龍城府院君을 받으시어 용궁에 세거世居하는 자손들이 용궁을 관향貫鄕으로 하였다. 국파 공께서 여말麗末에 다시 축산부원군竺山府院君의 시호를 받으시니 이후로 축산竺山을 관貫으로 사용하게 되었다. 축산竺山은 용궁의 옛 이름이다.

누구나 한 성씨姓氏의 중조中祖가 된다는 것은 참으로 어렵고도 힘든 일이다. 더구나 약소국인 고려의 한벽寒僻한 강촌 마을에서 태어나 대륙에서 그 뜻을 키운다는 것은 더욱 어려운 일로 국파 공은 중국 대륙과 우리나라가 다 같이 왕조변혁기의 혼란한 시기를 살아감에, 거대한 대제국의 황제에게 약소국의 조공 감면을 개진할 수 있었던 그 기상과 귀국 후에 당대 제일의 명필이면서도 급변하는 세태에 초연한 자세를 조금도 흔들림 없이 다만, 시작詩作과 풍영諷詠으로 세상을 관조觀照하는 결코 어느 한쪽으로 치우치지 않은 중용中庸의 도道를 실천한 선비였다.

오늘날 우리 사회는 사랑과 평화, 상생과 화해보다 적대와 혼란, 갈등과 소외의 그늘이 짙어지고 있다. 역사적인 인물이지만 대중에게 널리 알려지지 않은 필자의 선조先祖 국파 전원발 공公의 삶을 재조명해 보는 이유가 여기에 있다. 공은 개인의 영달보다는 민중이 잘살 수 있는 길을 택했다. 개인보다는 국가와 민중을 더 사랑한 분이다. 공이 이룩한 일처럼 큰일이 아니더라도, 우리 사회에 남을 먼저 생각하고 배려하는 사람이 많아질 때 우리의 미래가 더 행복해질 것이다. (2019.)

□ 참고문헌

· 예천대관禮泉大觀, 도서출판 을지사, 1982
· 소천서원지蘇川書院誌, 대보사, 2001
· 국파전원발연구菊坡全元發硏究, 한기문·권태을·강경모 공저, 문창사, 2005
· 국파선생문집菊坡先生文集, 용궁전씨대종회, 문창사, 2006

작가 연보

전상준

o **출생, 학력**
· 1947년 경상북도 예천군 출생
· 1960.03.22. 풍양초등학교 졸업
· 1963.02.07. 풍양중학교 졸업
· 1966.01.27. 성광고등학교 졸업
· 1972.02.25. 영남대학교 문리과대학 국어국문학과(문학사) 졸업
· 1999.02.22. 영남대학교 교육대학원 국어교육 전공(교육학석사) 졸업

o **자격증**
· 1972.03.30. 중등학교 2급 정교사 국어과 자격증
· 1977.11.30. 중등학교 1급 정교사 국어과 자격증
· 1996.02.16. 교도교사(전문상담교사) 자격증

o **교직 생활**
· 1972.03.01.~1974.02.28. 마성중학교 교사
· 1974.03.01.~1976.02.29. 용문중학교 교사
· 1976.03.01.~1981.02.28. 풍양중학교 교사
· 1978.03.01.~1980.02.28. 풍양중학교 학년부장
· 1980.03.01.~1981.02.28. 풍양중학교 학생부장
· 1981.03.01.~1985.02.28. 지보중학교 교사
· 1982.03.01.~1983.02.28. 지보중학교 학생부장
· 1983.03.01.~1985.02.28. 지보중학교 교무부장
· 1983.01.20. 학습지도 우수 실적으로 '예천교육장표창'(제 30282호)
· 1983.12.05. 국민교육헌장 선포 제15주년 기념 '경북도교육위원회교육감표창'(제 31996호)
· 1983.12.30. 교수·학습 방법 개선 및 기초학력과 창출력에 기여한 우수교사로 '예천군교육장 표창'(제 30494호)
· 1984.10.06. 예천군 교육회 발전에 이바지한 공으로 '예천군교육회장표창장'(제 209호)
· 1985.03.01.~1990.02.28. 동명중학교 교사
· 1989.03.01.~1990.02.28. 동명중학교 교무부장
· 1986.02.05. 현장 교육 개선과 교육 발전에 이바지한 공으로 '칠곡군교육장표창'(제 15645호)

- 1987.08.22. 제27회 교육자료전 전시회 우수상(제 74596호), 경상북도교육위원회교육감
- 1988.08.17. 제28회 교육자료전 전시회 우수상(제 81166호), 경상북도교육위원회교육감
- 1989.05.08. 경로효친을 실천한 효행자로 모범, '경상북도지사표창'(제 364호)
- 1989.08.16. 제29회 교육자료전 전시회 우량상(제 85966호), 경상북도교육위원회교육감
- 1990.03.01.~1993.02.28.: 왜관중학교 교사
- 1992.03.01.~1993.02.28.: 왜관중학교 교무부장
- 1990.08.14. 제30회 교육자료전 전시회 우량상(제 91050호), 경상북도교육위원회교육감
- 1991.08.13. 제31회 교육자료전 전시회 우수상(제 96869호), 경상북도교육위원회교육감
- 1992.05.14. 제40회 교육주간, 친곡 교육 발전에 이바지한 공으로 '칠곡군교원연합회장표창'(제 930호)
- 1992.12.19. 투철한 교육관과 사명감으로 교육 발전에 기여한 공으로 '교육부장관표창'(제 10082호)
- 1993.03.01.~1996.02.29. 평해중학교 교사
- 1996.03.01.~1997.02.28. 고령실업고등학교 교사
- 1996.12.05. 제17회 경북도 유·초·중등 교원 실기 대회 '산문부 동상'(제 132870호) 경상북도교육감
- 1997.03.01.~2000.02.29. 고령중학교개진분교장 교사
- 1999.03.01.~2000.02.29. 고령중학교개진분교장 교무부장
- 1997.07.16. 제25회 통일안보 '나이 주장' 군 경시대회 지도 교사로 '고령교육청교육장표창'(제 2721호)
- 1997.08.19. 제37회 교육자료전 전시회 우수상(제 136482호), 경상북도교육감
- 1998.11.30. 제19회 경북도 유·초·중등 교원 실기 대회 '문예부 금상'(제 145518호) 경상북도교육감
- 1999.10.08. '99 독서활동 사례발표대회에 독서지도 사례' 우수상 (제2827호) 고령교육청 교육장
- 2000.03.01.~2004.02.28. 고령중학교 교사
- 2001.03.01.~2004.02.28. 고령중학교 교무부장
- 2000.05.13. 투철한 사명감과 희생정신으로 후진양성에 힘써, 참된 사도의 길을 걸어 경북 교육 발전에 기여한 공으로 '경상북도지사표창'(제 744호)
- 2003.05.15. 제22회 스승의날 올바른 교육관과 투철한 사명감으로 사도 실천과 자기주도적 학습 능력 배양에 힘쓴 공으로 '부총리겸교육인적자원부장관표창'(제 6945호)
- 2004.03.01.~2008.2.29. 금성중학교 교사
- 2002.05.14. '2002학년도 경상북도 7차 교육과정 운영 현장 모니터 요원'으로 활동

· 2003.05.16. '2003학년도 경상북도 7차 교육과정 운영 현장 모니터 요원'으로 활동
· 2003.07.31. 독서지도교사 인증서(제 나-03-306호) (사)한국독서능력개발원
· 2005.05.15. 투철한 교육 신념과 헌신적인 실천으로 사도의 등불된 공으로 '한국교원단체 총연합회장표창'(제127827호)
· 2005.10.28. 한국교과서연구재단 주최 '제3회 교과서 관련 수필공모' 은상
· 2007.05.15. 제26회 스승의날에 투철한 사명감과 소명 의식으로 학생 지도에 헌신한 공으로 '의성교육청교육장표창'(제20706호)
· 2007.05.15. 투철한 사명감과 헌신적인 실천으로 사도의 등불이 되어 '경상북도교원단체총연합회장 표창'(제 8979호)
· 2008.03.01.~2008.8.30. 북삼중학교 교사
· 2008.08.31. 북삼중학교 교감 퇴임
· 2009.02.28. 대한민국 '녹조근정훈장'(제41504호)

○ 대구수필문예대학, 수필문예회
· 2004.01.17. 대구수필문예대학 수료
· 2004.~2021. 대구수필문예대학 교수
· 2019.~2021. 대구수필문예대학 학장
· 2022.~2023. 대구수필문예대학 교수
· 2019.03.04. 수필문예대학 학장으로 수강생 수필창작 마중물 역할에 헌신한 공으로 수필문예회장 '감사장'
· 2006.~ 현재. 수필문예회 회원
· 2007.~2008. 수필문예회 회장
· 2009.~ 현재. 수필문예회 고문
· 2009.03.05. 수필문예회 발전에 기여한 공으로 수필문예회장 '감사장'

○ 대구문인협회 및 수필가로 활동
· 2002.12.30. 《문예한국》 신인상으로 수필가 등단
· 2003.~ 현재. (사)대구문인협회 회원
· 2009.~2014. (사)대구문인협회 이사
· 2024.현재. (사)대구문인협회 부회장
· 2011. (사)대구문인협회 11대 임원선거 선거관리위원
· 2014. (사)대구문인협회 12대 임원선거 선거관리위원
· 2009.~2015. (사)대구문인협회 달구벌 전국백일장 심사위원

- 2012.~2012. : (사)대구예술문화단체총연합회 이사
- 2013.~2014. : (사)대구예술문화단체총연합회 감사
- 2003.05.　　우정사업진흥회 주최 '국민 편지쓰기 대회' 은상
- 2011.　　　대구일보 경북문화체험 전국수필대전, 캐치프레이즈 공모전 심사위원
- 2011.05.23.　제93회(2012년 대구시) 전국체육대회 상징물 심사위원
- 2021.~2022.　대구일보 경북문화체험 전국수필대전, 캐치프레이즈 공모전 운영위원
- 2014.01.20.　(재)대구문화재단 2014년도 문화예술진흥 공모사업 심사위원
- 2014.09.14.　제4회 대한민국 독도 문예대전(문학) 심사위원
- 2014.12.22.　경북일보 문학대전·청송객주학술포럼(수필) 심사위원
- 2015.07.16.　매일시니어문학상(수필 부문) 입상 당선패 받음
- 2019.08.02.　'대구도시철 도스토리텔링 소재 공모전' 심사위원
- 2020.06.19.　코로나19 극복 〈2020 대구:봄〉 시민공모전 '장려상'(제 243호) (재)대구문화재단 이사장

○ 문학단체 활동
- 2005.~ 현재.　영남수필문학회 회원
- 2006.~2008.　영남수필문학회 사무국장
- 2017.~2018.　영남수필문학회 회장
- 2005.~ 현재.　대구수필가협회 회원
- 2009.~2014.　대구수필가협회 이사
- 2015.~2016.　대구수필가협회 감사
- 2017.~2018.　대구수필가협회 부회장
- 2019.~ 현재.　대구수필가협회 이사
- 2015.02.11.　일일문학회 창립회원
- 2015.~ 2017.　일일문학회 이사
- 2018.~ 2020.　일일문학회 부회장
- 2021.~ 현재.　일일문학회 이사
- 2011.~ 현재.　(사)국제PEN한국본부 대구지역위원회 회원
- 2013.~2020.　(사)국제PEN한국본부 대구지역위원회 이사
- 2020.~ 현재.　(사)국제PEN한국본부 회원
- 2021.~ 현재.　(사)국제PEN한국본부 대구지역위원회 감사
- 2022.11.18.　(사)국제PEN한국본부 대구지역위원회의 '대구PEN문학상'(제2022-11호)
- 2014.~ 현재.　수필미학문학회 창립회원. 수필미학작가회 회원

○ 기타 사회 활동
· 2008.　　　　　재구예천군민회 이사
· 2012.　　　　　재구예천군민회 감사
· 2017.~ 현재. 재구예천군민회 자문위원
· 2010.~2014. 대구중구시니어 클럽 '숲생태 해설사'
· 2011.~2012. 대구광역시동부교육지원청 문화·예술 100인의 멘토
· 2012.11.19. 문화·예술 100인의 멘토로 활동으로 '대구동부교육지원청교육장감사장'
· 2016.03.~2020.08. 대구광역시립두류도서관 '평생교육프로그램' 수필창작기초반 강사
· 2022.03.~2022.12. 대구광역시립두류도서관 '평생교육프로그램' 수필창작기초반 강사
· 2010.03.~ 현재. (사)대구문화재지킴이회 회원
· 2012.02.23. 제4차 정기총회에서 본회의 활성화 공로로 대구문화재지킴이회회장 '공로상'
　　　　　　　(제2012-7호)
· 2020.　　　　　(사)대구문화재지킴이회 이사
· 2020.~2022. (사)대구문화재지킴이회, 회지(會誌 '문화재는 내 친구' 편집위원장
· 2019.~ 현재. 대구경북언론인회 회원
· 2020.~2022. (재)대구문화재단 인생나눔교실 영남권 멘토
· 2012.~ 현재. 사회복지법인 운경재단 대구중구노인상담소 상담봉사자회 회원
· 2021.~2022. 사회복지법인 운경재단 대구중구노인상담소 상담봉사자회 부회장
· 2023.　　　사회복지법인 운경재단 대구중구노인상담소 '마음보듬이' 글쓰기 치료(자서전) 강사
· 2024.　　　사회복지법인 운경재단 대구중구노인상담소 '마음보듬이' 글쓰기 치료(수필) 강사

○ 저서
· 논문《예천 풍양지역어의 종결어미 연구》(석사학위논문, 1999.2. 영남대학교 교육대학원)
· 수필집《행복한 삶 아름다운 삶》(2006. 도서출판 그루)
· 수필집《행복한 삶 즐거운 삶》(2014. 수필미학사)
· 수필집《행복한 삶 지혜로운 삶》(2017. 소소담담)
· 수필집《행복한 삶 너그러운 삶》(2022. 소소담담)
· 수필선집《행복한 삶 여유로운 삶》(2020. 소소담담)
· 수필선집《행복한 삶 괜찮은 삶》(2024. 북랜드)

• Email: j55779@hanmail.net